Den lyckliga människan

Paulina, Ellen, Noah och Alma - Tack!

"El camino de la cruz."

Niclas Dovander

DEN LYCKLIGA MÄNNISKAN

FSC
www.fsc.org
MIX
Papper från
ansvarsfulla källor
Paper from
responsible sources
FSC® C105338

Förlag: BoD – Books on Demand, Stockholm, Sverige

Tryck: BoD – Books on Demand, Norderstedt, Tyskland

ISBN:9789-1769-94931

Det finns ingen väg till lyckan. Lyckan är vägen - Wayne Dyer

Betraktar du dig som en lycklig människa? Jag menar ända in i själen nyförälskat lycklig att du glömmer bort att äta på flera dagar eftersom allt du tänker på är personen i fråga som du förälskat dig i? Att uppnå lycka betraktas av många som deras högsta önskan i livet. Varför är då så få av oss det? Mellan tummen och pekfingret skulle jag tro att om jag ber dig skriva ner några saker som du idag tror skulle skänka dig mer lycka så skulle minst en av följande saker finnas där. Tillåt mig att läsa dina tankar för en stund: Mer pengar, mer fritid, att hitta den rätta/e, ett hus utomlands, en lotterivinst, choklad, mer tid. Listan kan göras lång men jag gissar att minst en av dessa saker är något du suktar efter och som du tror kommer ge dig lycka. Paradoxalt nog kommer du att uppleva motsatsen. Av alla dessa ting kommer den upplevda lyckan för en tid att öka men snart minska och slutligen kommer olyckan bli större än den var innan du fick den. Varför går vi då omkring och önskar oss saker som kommer göra oss mer olyckliga? Handen på hjärtat. Har du någon gång suttit i soffan och tänkt på hur gott det vore med en påse lösgodis. Efter lite dividerande med dig själv och överläggning huruvida det är rätt att ge sig ut i joggingbyxor i lätt duggregn för att köpa godis står du snart där med två äpplen och en liter mjölk på bandet för att lite diskret maskera ditt ohälsosamma godisinköp. När du sedan nöjt landat i soffan igen och påbörjar inmundigandet kommer en liten liten tanke krypande om detta verkligen var vad du behövde. 200 gram senare är ångesten total men snabbt kommer du på att ibland får man unna sig och att imorgon ska du banne mig ut och gå en lång och rask promenad. Har du här skapat mer lycka eller skapat större olycka?

Hur lyckan ser ut hos dig, mig eller din granne just nu ter sig högst troligen som väldigt annorlunda då vi alla har olika perspektiv på saker och ting. Men det verkar som att det finns en matris även för hur lycka skapas. Forskare på Google kom för något år sedan fram med en matris som pekar mot en kollektiv sanning om hur man i alla fall hittar lyckan. Våra förväntningar på livet i relation till hur livet upplevs = att lyckan finns i gapet där mellan. Ju mindre gap, desto större lycka och tillfredsställelse har vi till livet. Ju större gap, desto mer negativitet, oro, uppgivenhet tenderar vi till att ha. *"Var livet inte mer än såhär"* är det många som sagt - jag själv inkluderad. Kan det vara så att vi har för stora förväntningar på livet som inte lever upp till hur vi faktiskt upplever det. Är olyckan större idag än för låt säga, 100 år sedan? Kan sociala medier spä på olyckan? Jag tror det. Men är låga förväntningar synonymt med ett lyckligt liv? Nej, det är troligen för enkelt. Forskare har i många år försökt hitta nycklarna till att lösa gåtan med lyckan men svaren finns uppenbarligen inte en labbrapport även om det vore väldigt behändigt för många att få den räkmackan serverad. Dock hittade jag en studie gjord av Sonja Lyubomirsky som tillsammans med Ken Sheldon och David Schkade formade en procentuell fördelning av tre element som kan utgöra en bas i hur lycka skapas. De tre elementen som presenterades var: 1: Grundnivå 2: yttre omständigheter 3: egna medvetna handlingar. Människan vill tro att de yttre omständigheterna påverkar oss flerfaldigt om och om i livet och på så vis påverkar vår upplevda lycka som allra mest. Men det går stick i stäv med vad dessa tre anser då de hävdar att yttre omständigheter endast påverkar 10% av vår upplevda lycka. Jag är beredd att hålla med. Det vill säga att vår grundnivå och egna medvetna handlingar utgör hela 90 % av vår lycka. Innan du slänger boken i golvet och svär över att du inte alls kan hjälpa att du nyligen blivit dumpad eller att grannens katt kissat på dina rosor för fjärde gången bara idag kan vi vända på påståendet och utropa " *fy fan vad bra att jag har makten i egna händer*". För det är precis vad du har. Grundnivån består av cirka 50% och menas med att vi har genetiska förutsättningar vi ärvt från vår kära mor och far. Vän av ordning tänker säkert att det må spela roll var i världen du befinner dig men efter omfattande forskning på tvillingar visar det sig att lyckan bara pendlar på 10 % det vill säga återigen de yttre omständigheterna. Men nu kommer vi till det roligaste av allt. Minst 40 % av lyckan finns inuti våra huvuden. För att just du som läser ska ta detta till dig väljer jag för en stund att skriva *Ditt* huvud. Vad som finns i Ditt huvud, dina beteenden, dina tankar och känslor är det ingen annan än Du som bestämmer över. Det är inte upp till andra att såra dig, den uppgiften är helt och hållet din egen. Likaså är det inte upp till andra att skänka dig lycka, det gör du själv. Du står dagligen inför val och kan helt själv bestämma hur Du vill reagera på det just det Du upplever. Alltså kan Du varje dag välja lycka eller olycka, visst är väl det bra? Men för att lägga lite smolk i din bägare och stilla din entusiasm en kort stund innan du går ut på balkongen och skriker Ronjas vårskrik måste jag bara påpeka samt förtydliga det jag nyss skrev. Det är *Du* som behöver göra jobbet. Det här är inget som du åker till affären en lördagskväll när du står länge och väl framför chipshyllan i hopp om att någon ska komma och bara säga åt dig vilken påse du ska välja. Nej, det här är något du behöver ta tag i och jobba med själv. Vill du bli genuint lycklig behöver du börja med att bestämma dig för att bli det. Du behöver arbeta med att ändra dina invanda tankemönster och ta aktiva steg varje dag mot lyckans horisont. När du väl hittat den, vårda den. Sköt om lyckan som om den vore ditt barn, din idol, din katt eller precis vad som helst som får dig att känna beskyddarinstinkt. Lyckan kan te sig liten om du betraktar den på avstånd, men kom nära den och du inser snabbt hur stor och dyrbar den är.

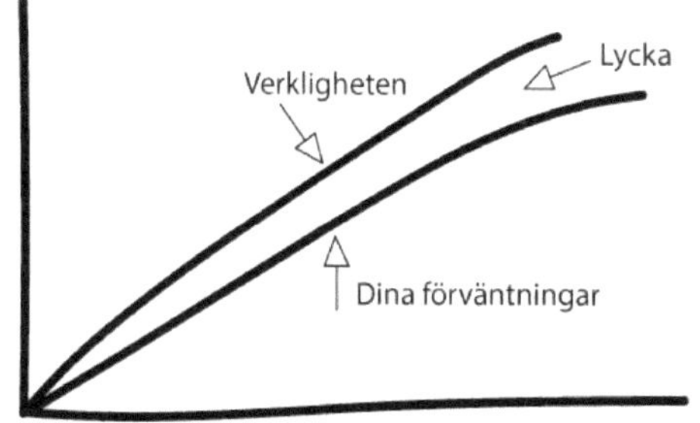

Googles lyckomatris

En lycklig människa är en som skapar sin egen lycka - Marcus Aurelius Antonius

Varför jämför vi oss?

Ju mer vi jämför oss med andra, ju mer expanderar vi vårt gap mellan förväntningar och verklighet istället för att krympa det. Varför då? Jo, för att vi är alla olika. Vi har olika förutsättningar, olika intressen och olika syn på hur vi ser på saker. Jämför du ditt liv med någon annan vill jag påstå att i de flesta fallen kommer du vilja ha det den personen du jämför dig med har. Om inte allt, så en del utav det. *"Hade jag bara..."* hör jag ofta människor säga. Saken är den att inuti dig finns den en liten liten sur gubbe eller gumma, jag kommer att skriva gubbe framöver. Den sura gubben med hängslebyxor, livrem och skjortan instoppad med översta knappen alltid knäppt kommer fram då och då för att tala om för dig att det minsann finns något annat som du vill ha. Den sura gubben är konstruerad för att alltid vilja ha något annat än det du just nu har. Den sura gubben blir aldrig nöjd. Hade den varit nöjd hade vi inte suttit här idag framför en skärm, eller med en tänd

lampa eller i ett hus med inbyggd centralvärme
och vattenspolad toalett. Mänskligheten ska tacka
sin sura gubbe för att den inte blir nöjd, den driver
således utvecklingen framåt. Men. Det finns oftast
ett men, du behöver lära dig att ta kontrollen över
den och dess inverkan på dig. Du behöver förstå
att den sura gubben inte är du. Den sura gubben är
vad som kallas för blueprints i ditt dna som talar
om för dig hur saker och ting ska vara och ligger
nedärvt från tidigare generationer och något som
dina föräldrar eller din omgivning när du växte
upp gav dig. Ett blueprint kan exempelvis vara att
du tycker det är tråkigt att diska. Du vet egentligen
inte varför du tycker så men den sura gubben
vrider sig i obehag och protesterar högljutt när du
står framför ett berg av disk. Prova nästa gång du
står inför en sådan situation att stänga av rösten
från gubben, be honom helt enkelt att gå hem och
sätt dig sedan in i att du för första gången någonsin
ska exempelvis diska. När vi gör något för första
gången är det sällan som vi känner att det är
jobbigt eller krävande eftersom vi inte har en
relation till just den känslan. Välkomna ditt berg
av disk med ett barns ögon. Känn det varma
vattnet mot dina händer, lek med skummet och se
det som en fröjd när kopp efter kopp, tallrik efter

tallrik försvinner från din hög och kvar finns ingenting annat än välbehag när du är klar. Detta är ett sätt att jobba med dina blueprints och få dom omprogrammerade. Din sura gubbe vill hela tiden ha något annat, något nytt så det spelar tyvärr ingen roll om jag just nu hade knäppt med fingrarna och placerat dig i din absoluta drömvärld. Hade mina fingrar med ett enkelt knäpp kunnat ge dig alla materialistiska saker du kan föreställa dig, personerna du vill omge dig med, en närmiljö som är sådär perfekt underbar att du får nypa dig i armen för att tro att det är sant. En inre ro och harmoni så hade det ändå inte dröjt länge förrän den sura gubben klivit ut på din axel suckat högt sagt *"jaha, och nu då."* Den hade inte varit nöjd. För den tror att det finns någonting bättre. Vad din sura gubbe behöver mest av allt, är att lära sig tacksamhet.

Gör en människa lycklig varje dag och inom loppet av 40 år har du gjort 14600 mänskliga varelser lyckliga åtminstone för en kort stund - Okänd

Tacka allt

Om du likt jag är förälder så tror jag att du varje dag försöker eller har försökt att lära din barn att vara tacksamma. *"Säg tack för maten" "säg tack till mormor när du får presenter" "Var tacksamma för att ni har mat på bordet, i andra länder har dom inte det"* osv.. Vi försöker jämt och ständigt trycka in tacksamhetstänket i våra barn och vi blir obarmhärtigt stolta när dom små liven säger tack till en släkting utan att vi gett dom en liten knuff i sidan eller hintat med ögonen. Gärna får dom säga tack inför publik också som i glasskön eller på en restaurang. Men varför i hela fridens namn lär vi inte oss själva att vara minst lika tacksamma som det vi försöker lära våra barn? Lever vi inte som vi lär? Nej, det tror jag bestämt inte att vi gör. Vi försöker uppfostra barn till att göra rätt men kan själva tänja på gränserna utan större effekt på karmakontot, *"det är fördelen med att vara vuxen"* kontrar vi för att lugna vårt sårade ego och skrattar lite sådär falskt i samma veva. Jag talar av erfarenhet. Jag har själv sagt *ajabaja, inga kakor* och sekunden senare tryckt hela munnen full av kokostoppar ute i köket och svalt så fort sa att kexbotten nästan fastnar i halsen bara för att jag inte ska bli påkommen. Sekunderna senare ler jag ljuvt och tänker *"det är fördelen med att vara vuxen"* Men. Dom dagarna är över för mig. Efter att ha läst mängder med böcker i självhjälp, praktiserat daglig meditation, affirmerat och afformerat, gått reiki-sessioner och tacksamhetsövningar har jag landat i att från och med nu ska jag leva som jag lär. Vill jag genuint att min avkomma ska bli ambassadörer för lycka och tacksamhet behöver dessa små barn ha en genuint ärlig, tacksam och lycklig läromästare. Jag ikläder mig stolt rollen som deras Yoda.

Ohämmad glädje och aggressiv tacksamhet kan råda bot på den mest bortskämda av hjärnor. Att drömma och ha visioner är bra. Det är jag den första att skriva under på. Drömmar är ett kapitel i sig och tar oss djupt ner i kvantfysiska lagar och det är oerhört spännande vad som pågår där inne i huvudet när vi lagt oss för natten på vår dunkudde och sängkläder i Egyptisk bomull. Men för att återgå till vad din sura gubbe behöver utöver att få drömma lite då och då så är det ett koppel. Du håller i kopplet genom att tillåta din sura gubbe att få drömma iväg men samtidigt vara tacksam för det du faktiskt har - just nu. Genom att utöva tacksamhet för vad du har kommer du ge plats åt sakerna du vill ha. Med saker menar jag både materialistiska, människor, platser . immateriella ting och allt annat som bara du kan komma på. Du lär dina barn att leka med sina gamla leksaker först, uppskatta dom, slit ut dom och sedan kan du få nya. Okej, kanske inte alla i dagens slit- och slängsamhälle tänker så. Men jag tänker så, jag blev uppfostrad så och mina föräldrar blev uppfostrade så. Var tacksam för vad du har och bered därigenom plats för vad du vill ha. Det är svårt att fortsätta hälla vatten i en bägare som ständigt svämmar över, den blir liksom inte mer full bara för att du fortsätter hälla vatten i den. Bägaren behöver tömmas lite då och då för att kunna förnya sig och låta sig fyllas med nytt. Sen är det ju också så att det du drömmer om att ha, det har du redan. Hur skulle du annars kunna veta om att du vill ha det? Som Laleh sjunger i låten sand överallt *"det du innerst inne ville åt fanns där hela tiden."*

Låt oss dyka ner i kvantfysiken en stund. Hela ditt väsen har elektromagnetiska fält runt omkring sig. Du interagerar med andra människor på ett astralt plan varje dag - hela tiden - eftersom vi alla är energi. En konstant endogen respons pågår dygnets alla timmar, året runt och slutar aldrig att upphöra förrän hela vårt kosmos kollapsar, om det ens slutar att upphöra då. Det är exempelvis så kärlek skulle kunna förklaras, en känsla som du inte kan ta på, men du känner den. Eftersom du känner kärleken i din kropp är det ett tecken på att just dessa energier studsar omkring inom dig som du förvisso inte kan se men vem bryr sig om det när allt är så härligt inne bröstet som om en humla satt sig ned och börjat humma en stund. Saker som du drömmer om och vill ha, finns redan i ditt elektromagnetiska fält, men du kan inte se det rent fysiskt, men de finns där annars hade du inte vetat att du velat ha dem. Precis som gravitation finns runt jorden hela tiden utan paus - du ser den inte men var tacksam för att den finns. Din energi känner av det du suktar efter och omvandlar det till en tanke/känsla i din fysiska kropp som du har just nu. Det är här affirmationer kommer in i bilden. Genom att affirmera något drar vi detta till oss på en energinivå och så småningom beroende på hur bra vi är på att affirmera och släppa allt annat runt omkring så kommer vi även se det rent fysiskt framför oss. Om du exempelvis ställt in dig på att köpa en stadsjeep av något slag börjar din energi affirmera stadsjeepar. Plötsligt ser du bara stadsjeepar var du än är. Du tänker *"har alla skaffat stadsjeep helt plötsligt?"* Nej, troligen inte. Dom fanns där innan också men du såg inte dem på samma sätt som du ser dom nu när du ställt in dig på den frekvensen och börjat affirmera. Dina tankemönster är nu inställda på att köra stadsjeep, du googlar stadsjeepar, tittar på bilder på stadsjeepar och tittar trånande på alla stadsjeepar som kör förbi. Du drömmer om färgen på din stadsjeep, kanske ska den vara röd som blänker i solen eller svart som speglar din yttre tuffa machoattityd. Oavsett har du nu påbörjat affirmerandet av din stadsjeep och ganska snart kommer den finnas framför dig i fysisk skepnad. Detta gäller i princip alla saker du råkar äga idag då tankebanorna går till på liknande vis varje gång du inhandlat något.

Studier visar att de flesta inköp görs på grund av känslor till föremålet och inte av exempelvis av praktiska skäl. Detta känner i princip alla industrier till och det är därför som både mode och bilindustrin ligger i framkant med hur dom vill att du ska känna dig när du kör en BMW 3-serien eller tar på dig ett par jeans från Lewis. Vissa tankar och affirmationer går snabbare än andra att manifestera i fysisk form och tur är väl det för annars hade vi svält ihjäl både en och två gånger innan den där skaldjurspastan eller chokladglassen med sprakande fyrverkeri-pjäser legat på tallriken.

Lyckan växer på vår egen åker och kan inte plockas i främmande hagar - Douglas William Jerrold

Affirmera är tidskrävande - men värt det!

Vad är en affirmation då? Kort och gott kan man kalla det att man ljuger för sig själv så länge det behövs. *Fake it until you make it!* Att affirmera betyder att man upprepar påståenden om hur vi uppfattar oss själva eller vår omgivning och tänker in oss i ett önskat tillstånd. Genom att tänka och känna exempelvis en mening flera gånger under en längre period gör att man till slut tror på det. Om du exempelvis har dåligt självförtroende kan du tänka *"jag är älskad för precis den jag är"*. Om ens affirmationer inte överensstämmer med nuläget kan det vara så att du känner att du ljuger när du säger eller tänker dina affirmationer. Men ju mer du upprepar affirmationen desto mer börjar du också tro på den. Det leder till en positiv förändring i vardagen. Likaså kan du affirmera något du vill ha materialistiskt eller som nyss nämnt önskat sinnestillstånd En bil, bättre hälsa, en eltandborste eller egentligen precis vad som helst. På senare tid har det även blivit mer vanligt med att afformera än affirmera. Skillnaden på affirmation och afformation är liten men gör en stor skillnad. I en affirmation som jag beskriver ovan upprepar du exempelvis känslan av *"jag är älskad för den jag är"* medan i en afformation ställer jag mig dagligen frågan *"varför är jag älskad för precis den jag är"* När du behöver svara på din egen fråga varje dag om varför du är älskad kommer du börja se saker hos dig som du faktiskt älskar och om du älskar det kommer även andra att göra det. Kanske älskar du dig själv för att du ha fin hy, sneda tänder, långt hår, kort hår, stora fötter eller smala armar? Vad just du älskar hos dig själv är det viktigaste och tro mig, du kommer börja älska allt med dig själv vilket får den fina påföljden att även andra kommer att göra det. Enligt psykologiforskaren Philippa Lally tar det ungefär 26-66 dagar att ändra på en vana så ge det lite tid. Ibland väldigt lång tid. Och tid är vi dåliga på i dagens samhälle att avsätta. Vi har nämligen inte tid, säger vi. Trots att tid är något som vi inte riktigt vet vad det är. För den kissnödiga är några sekunder en evighet, för den dödsdömde är en timme en blinkning. Tid är således olika i varje ögonblick och alla har vi också en åsikt om den. Det sägs att tid läker alla sår och att tid är pengar eller ur led är tiden. Frågar du någon om vad tid är, så vet alla men ingen kan förklara, visst är väl det märkligt? Kan det vara så att tiden bara är en illusion?

Enligt Einsteins relativitetsteori som lanserades i början av förra århundradet menar han att tiden inte konstant. Det vill säga, den har ett slut. Det kan man hålla med om man vill men jag väljer att inte hålla med då ingen riktigt vet vad som händer efter att vi lämnar detta livet, det kan vi bara spekulera i. Även om solen en dag expanderat så pass att både jorden och hela vintergatan är ett minne blott kanske det inte innebär att livet är slut. Möjligen att livet som vi känner till det är slut men jag väljer en sanning om att livet är evigt.

Men själva begreppet tid, vad är det? Vi ser tiden ibland som cirkulär eftersom vi säger att våren alltid kommer åter. Men oftast är tiden linjär eftersom vi redan idag vet vad vi ska göra en viss tid imorgon och vi kan säga vad som hände för hundra år sedan på vår tidslinje. Men samtidigt som vi lever nu kan vi alltid resa tillbaka i tiden med hjälp av minnen av vad som hände då. Einstein sa också att enda anledningen till att nutid existerar är för att inte krocka med dåtiden. Det ligger något i det. Vi lever bara just nu, hela tiden *nu* men refererar oftast till både dåtid och framtid. Tiden är vår allas personliga berättelse och definierar på sätt och vis vem vi faktiskt är eftersom när vi pratar om *vem* vi är oftast hänvisar till *vad* vi tidigare gjort och upplevt eller *förväntas* att uppleva framöver, i framtiden. I dagens stressiga samhälle låter vi klockan styra över livet men har du inte tid till att affirmera dig till ett önskat tillstånd låt säga 10 minuter om dagen är mitt råd till dig att låta livet styra över klockan. Därefter kan du gott meditera i 10 minuter också. Stressen vi lever i vårt samhälle 2.0 äter upp oss inifrån och ut.

Personligen har jag senaste tiden affirmerat följande mening, varje dag, varje kväll, varje morgon innan jag kliver ur sängen och säkert 100 gånger under tiden på mitt arbete. Den lyder som följer

"Jag är lycklig och rik och jag förtjänar att leva ett rikt och lyckligt liv"

Sedan dess upplever jag bestämt att jag har mer lycka i mitt liv. Jag har lättare för att uppskatta mina leksaker, alltså ägodelar som mitt hus jag bor i, mina bilar, mina dammråttor under sängen, att mina två bondkatter smutsar ner golven varje dag efter en tur ute på leråkern där jag bor. Jag kan uppskatta att mina barn trotsar och skriker vid middagsbordet för jag inser att dom lika gärna kunde varit svårt sjuka eller rent ut sagt inte varit vid liv alls. Jag är tacksam för att dom kan få dessa vredesutbrott för det visar att dom inte är rädda för att visa sina känslor. Jag har insett att jag klivit upp på frekvensstegen och låter mig inte inledas lika lätt som förr i dåliga energiers lag. Det vill säga, jag svarar med kärlek och omtanke när exempelvis mina barn bara gapar och skriker istället för att lägga mig på deras nivå och skrika något till dom som jag senare hade ångrat och som jag på förhand vet inte gör dem det minsta lugna. Svarar du med ilska skapar du större olycka. Ge kärlek och få kärlek har jag lärt mig.

 Men hur är det med min upplevda rikedom nu för tiden? För det första, vad är definitionen av rik? De flesta syftar till pengar så det är väl på den frågan jag svarar även om rik för mig inte är synonymt med ettor och nollor i ett binärt system som svävar runt i ett moln. Dessutom är rikedom i kronor och ören inte heller synonymt med trygghet utan föder oftast motsatsen. Människan har en tendens att bygga en mur kring sin ekonomiska rikedom och blockerar på så vis den sanna

rikedom som ligger i att omgärda sig med
människor och skapa den magiska kärleken
tillsammans med dem.

Men för att svara på det du säkert undrar så trillar
det in mer pengar lite tätt som tätt på mitt konto i
form av bokningar på mina behandlingar jag
erbjuder i mitt företag. Någon hundralapp från
lotterivinster har också hänt mer frekvent än
tidigare. Men det jag känner mig mest rik på är
livet. *"Åh så klyschigt"* tänker du. Men det kan
vara för att du också vill känna så och det är okej
får både mig och dig om du känner så.

Börja affirmera dig till ditt drömtillstånd och jag
vill lova dig att du kommer känna som jag. Genom
att affirmera rikedom och vara tacksam över det
liv jag lever har jag insett hur rik jag egentligen är.
Jag kanske inte har miljoner kronor på kontot men
jag känner mig rik på insidan. Ska vi sätta rikedom
i ett perspektiv så tillhör de flesta
medelinkomsttagare i Sverige bland de rikaste i
världen. Jag själv har ett vitputsat stenhus på
landet, två bilar på uppfarten, ett arbete, ett eget
företag att tjäna mer pengar i om jag behöver. Jag
har ett liv som ger mig glädje och tre barn som
bara genom deras existens bidrar med kärlek varje

dag. Jag är lyckligt gift sedan många år tillbaka, mina föräldrar bor fortfarande tillsammans och jag har en bror och en syster. Mina två katter Ove och Olle kryper upp till mig varje kväll i soffan och tittar djupt i mina ögon samtidigt som dom spinner och ber om att bli klappade - allt detta gör att jag titulerar mig som en rik man.

Men. Det finns oftast ett men. Även min sura gubbe visar sig ibland. Vissa dagar har jag svårt att se allt jag har och vill ha det någon annan har. Vissa dagar har jag också drömmar om miljoner i kronor på kontot. Jag vill bestämma över min egen tid varje dag och jobba när det passar mig. Jag vill oftare sitta här som jag gör i detta nu med en kopp kaffe, tända ljus och lugn musik, i ett hus som just idag badar i harmoni och överflöd, och skriva på böcker som hjälper både dig och mig framåt i vårt liv. Jag hade uppskattat en Ford F100 shortbed på min uppfart med rostigt flak från tidigt 60-tal som har rutor som man får veva ner för hand. Där lacken är schysst sliten och radion är av gammalt stuk som man får ratta fram kanalerna. Jag vill lämna vintern i Sverige varje år för att byta slask mot sol och värme i Spanien där jag gärna dricker morgonkaffet hos restaurangen på hörnet i La

Mata, längst bort på Avenida del la Sal.

När dom här dagarna kommer och den sura gubben aldrig vill gå hem försöker jag vara medveten om att idag är det en sådan dag. Genom att vara medveten kan jag tillåta mig själv att få drömma. Gör jag det tar jag direkt hand om kopplet om på min sura gubbe. Jag säger *"okej gubbjävel, dröm dig bort, sväva, sukta och längta"* Men imorgon, imorgon är det jag som tar kommandot igen och styr denna skuta tillbaka på rätt köl längs tacksamhetens och affirmationernas väg.

Likaså är det okej att få vara arg ibland. Lätta på trycket, spela ut hela ditt känsloregister, håll det inte inom dig då det svärtar ner din energi. Men var medveten om att du i den stunden är arg, ledsen eller upprörd och kom sedan över det. *"Det är okej att jag är arg nu, det kommer jag vara i en hel timme nu, men sen släpper jag det"* Prova, det fungerar. Kan du inte påverka något, släpp det. Är det en bilkö, acceptera och släpp det. Det spelar ingen roll hur arg och upprörd du är eller hur mycket din tuta kan låta. Trafiken kommer inte flyta på snabbare - släpp det och gå vidare.

Övning: Affirmera något du önskar dig just nu. En sak eller ett tillstånd. Skriv ner det på en lapp och ha den nära tillhands. Läs lappen minst 10 gånger om dagen. Memorera orden och ha dom nära i tanken. Känn känslan av hur det kommer att kännas inom dig när du får det du vill ha. Går något emot dig, plocka fram lappen och läs din mening, känn känslan. Gör det till en vana likväl som du borstar tänderna varje dag. Gör det i minst 31 dagar. Du kommer få resultat.

Tacksam, lycklig och rik

Vad har du att vara tacksam för? Är du långt nere i de negativa energibanorna tänker du att det finns säkert inget i mitt liv som är särskilt tacksamt just nu. Allt suger. Men tillbaka till fake until you make it. Ju mer du över tacksamhet ju mer kommer du inse att du faktiskt har saker att vara tacksam för och du kommer genuint känna dig tacksam för det.

När jag började min tacksamhetsresa låg jag i sängen och tänkte i banor som: *"Jag är tacksam för att jag är frisk. Jag är tacksam för att mina barn är friska"* Men ganska snabbt tog det stopp. Sen läste jag en bok av Pam Grout, *Tacksam, lycklig och rik*. Den bästa boken inom tacksamhet om du frågar mig. Där lärde jag mig att vara aggressivt tacksam. Hur är man då?

Jo, man är tacksam för allt. Precis allt. Jag började tacka min säng som jag låg i. Handduken som torkar mig torr. Bilen som startar varje morgon och även dom som byggt bilen. Jag tackade kaffemaskinen på jobbet och städerskan som tog hand om min kaffekopp. Jag tackade vädret som visade hela sin repertoar eftersom det behövs för att liv ska frodas på denna planet. Jag tackade personen som uppfann bestick så att jag idag slipper äta med händerna och jag tackade mitt hus som gav mig och min familj beskydd. Ja, du förstår att det finns en hel del saker att vara tacksam för när man väl ger sig hän. När jag tackade som mest, fann jag också att jag blev som mest tillfreds. Jag började se saker på ett annat sätt och jag började genuint uppskatta mina ägodelar. Min gamla Volvo är en fröjd att köra för jag inser att ingen annan bil kommer skänka mig mer glädje i det långa loppet även om den sura gubben tittar fram och säger *"jo, men en rostig Ford-F100 hade varit häftigt att äga."* En bil för mig är något som tar mig från a till b och gärna tillbaka till a. Min sura gubbe tror dock att en bil för mig är något av följande två alternativ: Antingen något med glänsande lack som vrålar högt och att det från ingenstans ska stå en rad av snygga tjejer som suktar efter mig varje dag när jag kör till jobbet. Varför alla dom tjejerna skulle stå där har den sura gubben aldrig kunnat förklara och när jag frågar honom, ja då går han hem. Eller så tror den sura gubben att en bil är en rostig F100 som står på uppfarten och där jag byter drivaxel och oljefilter samtidigt som jag bär slitna jeans och ett linne med avrivna ärmar så det ser lite sådär slarvigt men coolt ut ungefär som James Dean i sin bästa dagar.

Men när du tar kontroll över din sura gubbe och slår hål på illusion efter illusion kommer du inse att vissa saker duger precis som de är. Jag kan inte meka med bilar för fem öre och skulle aldrig ge mig på att byta drivaxel ens på en lådbil. När din sura gubbe är under kontroll kommer du inse att verkligheten faktiskt överträffar dikten. Vill du dock ha en bil med glänsande lack och vrålande motor ska du såklart affirmera det så kommer den att komma. Men jag äger inte en sådan i mitt energifält så därför kommer den bilen inte komma till mig. När du tackar och blir tillfreds och känner den där känslan av att livet är härligt, det är då mirakel händer. Det är då dina timmar av affirmation blir till verklighet. Det är då dina saker som du redan har visar sig i fysisk form.

En gång affirmerade jag att jag ville ha nya kunder till mitt företag. Jag skrev upp det i en bok på morgonen: *"Idag vill jag en en ny kund som aldrig varit hos mig förut"* Det kom ingen kund den dagen. Dagen efter skrev jag i boken *"Idag vill jag att något spontant ska ske som känns bra i hjärtat"* Denna dag hade jag precis avslutat en massage på en kund. Jag följde kunden ut och på trappen stod en dam. *"Hej,"* sa jag och damen svarade artigt tillbaka. Hon skulle på massage hos Niclas sa hon. Märkligt svarade jag för det är jag som är Niclas men jag har inte fått någon bokning på någon massage i mitt system. Damen visade att hon kvällen innan bokat tid till just precis nu i denna stund som vi stod på trappen och mycket riktigt var hennes bokningsbekräftelse sanningsenlig.

Jag mindes min affirmation från dagen innan och skrattade åt universum som gett mig det jag ville ha, både dagen innan genom att damen bokat sig just då men även denna dag då jag affirmerat att något spontant skulle ske. Damens bokning hade hamnat i min skräppost och det var första och enda gången en bokning gjort det. När vi är inne på tacksamhetsfrekvensen är ingenting omöjligt, det är bara att affirmera, tacka och ta emot.

Eftersom jag bor på landet och då och då tar bilen in till stan för att se vad folk håller på med där en vanlig lördag brukar jag på förhand affirmera att det finns lediga parkeringsplatser på ett visst ställe.

Om inte varje gång så i alla fall 9 av 10 finns det EN ledig plats precis där jag velat ha parkering.

Jag har även märkt att lycka och tacksamhet smittar. Det smittar som den värsta (fast i detta fall bästa) höstförkylning som finns. Det räcker att du möter någons blick där ditt eget ansikte spricker upp i ett leende och dina ögon gnistrar som vore de av kristall. Det är inte många jag mött som inte svarat tillbaka med ett leende. Prova så får du se.

På min arbetsplats utöver mitt egna företag finns det ett hundratal personer. Varje morgon under de första 10 minuterna står jag nere i entrén och hälsar god morgon till människorna som stövlar in genom dörren. Inte för att det ingår i mitt arbete utan för att det känns bra att starta dagen så och det har med tiden blivit en vana. Varje dag 5 dagar i veckan kl 8.00 hälsar jag god morgon med ett stort leende åt säkert 200 personer, om inte mer. Jag stöter på dessa personer lite titt som tätt under dagen eller under veckans lopp och alla, eller i alla fall 98% utav dom, hälsar på mig med ett leende när dom ser mig. Jag har inte på mig clownnäsa eller peruk. Jag har skjorta, slips och välputsade skor som egentligen inte är något att le åt (om man inte tycker det är snyggt med en välklädd man vill säga) men en person efter annan spricker upp i ett leende när jag kommer i korridorerna. Leenden smittar av sig och skapar ringar på vattnet. Nästa person ler till nästa som håller upp dörren till den tredje.

Detta är ett exempel på små saker i livet som gör en stor skillnad för det kollektiva måendet. Och det bästa av allt. Det är gratis. Jag har aldrig betalat en krona för att få någon att le eller må bra. Jag bara står där och ler. Bli en glädjespridare du med. Första tiden kommer det säkert kännas lite fånigt och till en början, innan människorna på just din arbetsplats har vant sig vid att ditt ansikte är det första dom möter varje dag, kommer dom säkert titta på dig aningen skeptiskt. För visst är det märkligt ändå. Att bara för något nytt händer så svarar de flesta människor med skepsis. Din sura gubbe kommer få dåndimpen och skrika med full strupe *"gå därifrån, vad gör du, försvinn"* Men håll ut, är mitt råd. Våga ikläda dig rollen som lite clown till en början. Gå utanför din komfortzon och gör ingenting annat än att hälsa god morgon med ett stort leende. Kom ihåg vad jag skrev tidigare om att det tar 26-66 dagar att skapa en ny vana. Det tar alltså dessa dagar för dig att iträda dig rollen som arbetsplatsens glädjespridare och det tar lika lång tid för dina arbetskamrater att vänja sig vid ditt glada ansikte. Men så en dag händer det. Du har programmerat om både din egen och dina kollegors hjärnor. Från och med den dagen kommer allas hjärnor vara inställda på att du är där och hälsar god morgon och ler. Din sura gubbe kommer inte vara glad över det, men han kommer vara lugn och muttra i ett hörn som sura gubbar gör. Då kan du utföra ett experiment för att se hur mycket ditt glada ansikte faktiskt betyder. Avstå morgonritualen för en dag. Jag kan lova att din mejlbox kommer att svämma över med oroliga mejl om varför du inte stod innanför dörren i morse. Om allt är okej med dig och när du väntas komma åter. När du programmerat om både din egen och andras hjärnor vill dessa hjärnor gå på rutin en stund. Hjärnan reagerar blixtsnabbt om något avviker från det så kallat normala. Har det alltid stått ett citronträd i receptionen eller en leende man på 170 centimeter eller varför inte en stor glassgubbe med hatten på sned utanför byggnaden tar det millisekunder för hjärnan att tänka *"oh shit! Vad är det nu som är fel?"* Det finns ingenting annat som är viktigare där och då än att ta reda på den felande länken, eftersom hela din energi känner av att något inte är som det brukar. *"Äntligen"* tänker hjärnan. *"Nu vet jag!"* säger den sura gubben. Det är den leende mannen som är borta. Efter det kan arbetet flyta på som vanligt igen. Våga gå utanför din komfortzon och göra något som aldrig tidigare provat. Något som kanske på förhand hugger till i magen och som får dig att tänka i banor som *"vad ska människor tycka"?* Jag vill påstå att när du känner exakt känslan av vad andra ska tycka och tänka om dig har du hittat en så kallad sweetspot. En öm punkt hos dig som jag vill mena de flesta människor bär på. Vi vill inte bli clownen i rummet, vi vill inte sticka ut. En extremt utmanande men oerhört enkel övning som de flesta människor vill jag påstå inte skulle ge sig på är att lägga sig raklånga på golvet i ett köpcentrum fullt av människor. Fick du precis ett hugg i magen av bara tanken? Om du svarade ja är mitt råd till dig att göra precis detta. Den sura gubben har med all sannolikhet vaknat inom dig och står i just denna stund på dina axlar och skriker åt dig att du skulle bara våga göra något sådant. Han säger säkert saker som *"vad tror du folk ska tro?"* *"Tänk om det kommer någon jag känner"* och *"Ska du göra dig till allmänt åtlöje mitt på blanka dagen?"* och säkert en rad andra saker för att få dig att inse att sådär kan man

minsann inte bete sig. Jag kan med en spoiler alert
säga att absolut ingenting men samtidigt allting
kommer att hända när du väl gör det. Utanför din
komfortzon händer en massa spännande saker och
du kommer efter några minuter resa dig, borsta av
eventuell grus från byxorna och stega iväg
åtminstone tre meter längre än vad du var bara
minuter tidigare.

Jag läste en gång om en tacksamhetsövning som
en hamburgerkedja i USA genomförde. Övningen
gick ut på att personalen som tog emot
beställningen i drive thru sa till personen som nyss
beställde att personen framför precis betalat för
ditt kaffe. Det första som hände var att personen i
bilen blev så glad och sa till personen i luckan att
"jag bjuder på nästa man i kö" Så här höll det på
under 4 timmar och 30 minuter. Varje person valde
att köpa en kaffe till en främmande människa som
satt i bilen bakom bara för att bilen framför bjudit
på kaffe. Tacksamhet skapar ringar på vattnet och
jag kan svära på att området kring denna
restaurang lös upp i tacksamhetens röda färg av
kärlek och som hade kunnat skådas från månen.
En måbra-känsla spred sig sannerligen i dessa bilar
och kanske inte alltför otroligt steg barnafödandet
någon ynka procent 9 månader senare. Allt detta,

för att någon bjöd på kaffe. Studier visar att människor är som mest lyckliga när vi gör något för andra. När drivkraften bakom våra handlingar är sund bidrar automatiskt våra handlingar till välbefinnande för andra. När vi ger bort något ger vi också något till oss själva. Vi betalar av skulden på vårt lån kallat samvetet som många av oss bär på dagarna i ända. Varför gör vi det? Vi har alla en medfödd känsla av vad som är rätt och fel. En inre röst som inte tillhör den sura gubben som informerar oss om något är moraliskt rätt eller fel. Samvetet är emellertid inte något konstant utan det förändras i takt med att din miljö, dina upplevelser och din förståelse för omvärlden vidgas. Därför är samvetet olika hos alla människor och kan inte gälla som en gemensam regel för hur saker och ting ska vara och kännas. Min erfarenhet är att ju mer vi övar på att vara tacksamma desto bättre mår samvetet och desto mer rätt vill jag göra både för mig själv och mina medmänniskor.

Dr Wayne Dyer utförde ett experiment på sin son när Dyer bodde på Hawaii. Sonen som skulle besöka sin far hade med sig fyra nya t-shirtar som han tyckte mycket om och det var framförallt en t-shirt som sonen höll extra hårt i. Dyer sa till sin son att han ville att sonen gav honom just den tröjan varpå sonen slog bakut och kunde inte under några omständigheter tänka sig att ge tröjan till sin far. Dyer berättade för sin son *"eftersom du älskar mig ska du också kunna ge något som du älskar mest och håller kärt till mig. Ägodelar är bara materialistiska ting som vi människor klämmer oss fast vid."* Det gick några dagar och sonen hade fortfarande inte gått med på att ge just den t-shirten till sin far. Sonen erbjöd några andra t-shirtar men Dyer svarade att han inte ville ha något som sonen själv inte ville ha och således kunde offra utan större förlust. Dagarna gick men efter en tid gav sonen upp och gav motvilligt bort t-shirten till sin far. Dyer satte på sig tröjan och sa *"Tack för tröjan, visst är den fin. Nu vill jag att du ska älska att du gav bort den till mig"* Sonen svarade att han aldrig kommer kunna älska att han gav bort det han älskade. Dyer svarade att han skulle behålla tröjan på tills sonen lärt sig att älska att han gav bort den. På dag 14 erkände sonen att han nu älskade att han gav bort sin käraste tröja till sin far varpå Dyer tog av sig tröjan, tvättade den och gav sedan bort den till någon annan. Vad historien förmedlar är att du går miste om så mycket kärlek i livet om du jämt klamrar dig fast vid materialistiska saker som är något som har en

kort livslängd och snart blir utbytt. Sluta bygg
murar runt dina ägodelar. Finn kärleken i något
som består och du kommer få bestående kärlek och
lycka. Känslan av att ge bort något man på förhand
tror älskar ersätts av en större kärlek som kommer
finnas kvar långt längre än livslängden på en
t-shirt.

Övning: Ge bort något du älskar och håller hårt i
till en person som du älskar. Lär dig sedan älska att
du släppte taget om det.

Att kunna göra som du vill är frihet. Att göra vad du vill är lycka - Frank Tyger

Moral

Vi är alla sociala varelser som kom till jorden som ett resultat av oftast två personers gemensam kärlekshandling. För att vi som art ska överleva och detta gäller alla arter, är vi ömsesidigt beroende utav varandra vare sig vi vill det eller ej. Som social art beroende av varandra är det därför inte konstigt att de flesta stunder av lycka och tillfredsställelse till livet sker tillsammans med andra människor. Därför är det inte heller anmärkningsvärt att tro att den största av lycka sker i omvårdnad av andra. Men vad är att göra moraliskt rätt?

Ja, det är något som var och en får känna sig fram till. Men att göra rätt vill jag beskriva som när du känner att ditt hjärta börja slå lite hårdare, din puls går upp och du känner dig lycklig i varje cell. Det är lite som att bli kär. Man kan inte se kärleken rent fysiskt men energin kärleken sänder, den känner man. Man vet när det är rätt. Enligt Dalai Lama är moraliskt rätt när vi kan försäkra oss om att varje handling vi utför inte kan skada andra. Strax före en julafton för något år sedan skulle jag gå in och handla lite saker i en mataffär. Utanför affären satt en man på en filt och tiggde pengar. Jag hade inga kontanter på mig så jag gick tillbaka till bilen för att se om jag hade några mynt liggandes. Jag kände mig dum som inte kunde avvara några kronor som är en liten sak för mig men en stor sak för honom. I bilen fanns inga mynt. Jag övervägde att åka till en annan affär eftersom jag kände mig dum, mitt samvete tyngde mig. Jag stod utanför min bil och samlade mig en stund genom att vara tacksam för livet jag lever och för allt jag har. Jag satte mig in i känslan som mannen en bit bort hade och som tiggde pengar för sitt levebröd. Det är såklart väldigt svårt att känna hur andra känner men jag får erkänna att jag har en gåva för just den biten. Jag kände att mannen inte alls kände så som jag kände. Han såg inte på (trots att han ännu inte sett mig) mig som en rik person som inte kunde avvara några kronor. Han såg på mig med värme och med kärlek. Han såg att jag såg honom. Jag kände hur mitt hjärta började rusa och jag ville nästan gråta där mitt ute på parkeringen, men jag avstod eftersom jag där och då var rädd för att lämna min komfortzon. Jag samlade mod och gick sedan fram till mannen. Jag förklarade att jag inte hade några pengar mer än på mitt plastkort men att jag gärna köpte honom lite att äta och något att dricka. Mannen såg djupt på mig och våra energier korsade vandra, sammanflätades och för en stund var hela universum stilla och väntade på att magin skulle utspela sig. Mannen log. Jag sprang in i affären, slet åt mig dricka och mat och sedan ut till mannen igen. Han sa att mitt hjärta var rent och varmt och jag trodde stunden senare att jag blivit frälst även om jag inte vill kategorisera mig i något religiöst fack. Men om Gud, Tao, Buddha, Allah eller vem det än må vara hade vandrat ner på jorden så vill jag tro att det var denne *Gud* som satt utanför mataffären denna kalla decemberdag och sa att mitt hjärta var varmt och rent. Jag ryser av välbehag när jag tänker på det och får en känsla av total harmoni i kroppen. Hur en person som inte har någonting kan ge så mycket till en person som har allt, det är magi i dess rätta betydelse och bevisar tesen att lycka inte sitter i hur mycket du för stunden råkar äga. Lycka kommer inifrån. Det är också den känslan jag jagar varje dag när jag ler och hälsar människor välkomna till jobbet. Det kostar mig ingenting, men det jag ger och får

tillbaka betyder mer än pengar kan köpa. Det är
magi.

45

Syftet med livet är att vara lycklig - Dalai Lama

Otacksamhet

Men kan det verkligen räcka med att tacka, le och ljuga för sig själv dagarna i ända och sedan kommer lyckan som ett brev med posten? Det korta svaret är ja. Det behöver inte alltid vara så komplicerat vilket jag tror att de flesta människor idag vill tro att det är. Är det för lätt så är det precis det. Sanningen måste vara större, pompös och helst skriven i hieroglyfer på baksidan av en stor sten som ligger med just den sidan ner i tung lera så att ingen människa på jorden kan rubba den. Varför tror vi det? Kan det vara så att gemene man idag inte är lycklig. Vi ser mer olycka än lycka. Vi både ser och hör mer otacksamhet än tacksamhet.Varje dag vi landar i vår soffa och slår på nyheterna eller rapport överöses vi med negativitet om hur många i världen som dött, hur kallt vädret ska bli och hur lite Zlatan Ibrahimovic rörde sig i sin senaste ligamatch. Överallt finns det mer otacksamhet och negativitet än motsatsen. Hur många gånger hör du på din arbetsplats *"Jag är tacksam för att jag kom i tid till jobbet idag"*? Det gör vi nästan aldrig. För av någon anledning tar vi det för givet att komma i tid till arbetet varje dag så dagarna vi inte gör det lägger vi mycket möda och stort besvär på att förtälja detta för allt och alla. Vi ska i detalj beskriva hur trafiken tedde sig. Vilken idiot till lastbilschaufför som nästan körde in i dig och hur hela kommunens äldreboende skulle korsa gatan precis när du kom fram till korsningen. Sådana saker hör jag varje dag. Vi tenderar att fokusera på sakerna som går fel istället för att gå rätt. Om du sätter din dag i ett större perspektiv så kommer du ganska snabbt inse hur mycket av din dag som redan gått "rätt".

Troligen vaknade du som du skulle. Ditt kaffe rann ner utan att kaffebryggaren gick sönder. Dina kläder hade inte blivit uppätna av malar under natten och din bil startade på första försöket eller så var det inte punktering på cykeln denna morgonen heller. När dina föräldrar skapade dig den där natten för längesedan segrade en spermie och befruktade ägget. Detta ägg skapade en cell som sedan delade sig ungefär 100 biljoner gånger. Du har fått ögon att se med, händer att röra på och fötter som tar dig dit du ska. Inser du hur mycket som gått så kallat rätt i ditt liv? Läser du denna bok kan jag sätta allt jag äger och har på att det går mer rätt i ditt liv än fel. Oddsen är på min sida. Varför väljer du, jag och de flesta av oss att fokusera på det som inte går så som vi vill?

Universum utövar varje dag ett tryck på våra axlar motsvarande 10 newton per kilo om du just nu befinner dig på planeten jorden. Jag väger ungefär 70 kilo i skrivande stund vilket innebär att på mina axlar vilar 700 newton varje dag. Det håller mig kvar på jorden och drar ner mig mot jordskorpan varje gång jag hoppar, springer, går eller trillar ur sängen. Egentligen borde det vara en stor börda att bära. Men det är det inte. Lika lite borde bördan för att komma försent till jobbet, halka på en isfläck på trottoaren eller bli klickad ur kön till försäkringskassan vara det. Ibland tror jag vi behöver lyfta blicken från situationen och tänka - *är det verkligen värt att bli upprörd nu? Ska detta förstöra min dag som redan gått mer rätt än fel?.* Valet är ditt, jag gör mina varje dag.

Många människor tror jag på fullt allvar trivs med att ha en tungt stickad offerkofta på sig. Eller rättare sagt vet dom inte hur livet utan offerkoftan ser ut eftersom livet med offerkoftan har pågått så länge att det riktiga jaget där inne har falnat likt glöden vid en lägereld framåt småtimmarna. Vi blir det vi fokuserar på och väljer vi att varje dag trampa i samma fotspår som dagen innan blir intrycken efter en tid inte särskilt stora eftersom det du upplevde igår kommer du uppleva nästa dag, och nästa och nästa. Det är inget fel på att gå i samma lunk dag ut och dag in, om man trivs med det. Men jag vill banne mig tro att just du som läser denna bok inte trivs med lunken. Du har valt att läsa det jag vill förmedla för att du vill ha en förändring. Din sura gubbe jämrar sig lite och klämmer fram ett svagt *"okej då, gör något nytt"* Din inre glöd får nytt syre och ditt riktiga jag andas morgonluft i tron om att nu, nu äntligen har du fattat. Det finns något annat, något mer, något viktigare än att gå till jobbet 8 timmar om dagen, läsa mejl, hämta barnen på dagis och äta falukorvsgryta för att senare landa i soffan och titta på rapport. En rak och ärlig fråga nu: Har du ens bytt smak på tandkrämen under de senaste två åren? Låt mig gissa att så inte är fallet eftersom du av vana alltid gör det som du gjorde dagen innan. Din hjärna går på repertoar och inte intuition. Den sura gubben slumrar dagarna i ända eftersom han aldrig behöver utsättas för en situation som kan uppfattas som skrämmande eller utmanade. Du ärver beteenden från dina föräldrar och du anpassar dig dagligen till den rådande samhällskultur som existerar där du just nu väljer att leva. Det är också upp till dig att godkänna om dessa beteenden är något du vill ha eller inte ha. Det är inget farligt att byta smak på tandkrämen eller säga upp sig från jobbet eller flytta till ett land du aldrig satt din fot i. I det oförutsägbara vaknar din intuition. Din kropp sätter alla sinnen på helspänn, du ser saker på nya sätt, du får nya tankebanor men främst så utvecklas du som person. Vi kallar detta för att gå utanför sin komfortzon och det är just här som livet börjar. Livet som får dig att känna puls, åtrå och avundsjuka på din egen existens. Som barn och i ungdomen är vi mästare på just detta. Men runt 25-årsåldern skulle jag tro händer det något med oss. Vi börjar lyssna mer på rädslan än på åtrån. Vår sura gubbe får en identitet som vi klarat oss ganska bra utan och som vi dessutom börjar lyssna på och rätta oss efter. Vi börjar sakta ändra våra tankebanor, rätta in oss i ledet, bli lydiga medborgare och sakta, sakta släcka vår inre glöd. Vi placerar våra drömmar på översta hyllan i hallen och börjar inta en falsk acceptans att det är okej att du inte blev delfinskötare eller besteg Mount Everest. Trots allt är du ju lite rädd för vatten och tycker inte om höjder, eller?. Varför i hela friden gör vi det?

Generation efter generation av drömmar som aldrig uppfylldes. Bitterheten gör så småningom entré och sätter sig i våra leder och muskler som värk av alla möjliga slag och vi undrar sedan varför livet blev som det blev. Det blev så eftersom Du och endast Du godkänner att det blev så. Allt du har är en spegelbild av vad du godkänt under ditt liv. Det kan kännas tufft, svårt och jobbigt att erkänna men sanningen är att ingen annan än Du själv godkänner sakerna i Ditt liv. Yttre omständigheter tänker du nu. Påverkar bara lite drygt 10 % svarar jag. Livet ger oss bara möjligheter men det är dina tolkningar som skapar ditt godkännande. Om du möter en person på en stig i skogen som säger att grenen från trädet som råkar finnas framför er pekar åt vänster säger du troligtvis att nej, den pekar åt höger. Men om ni båda byter sida kommer du säga *"helt rätt, den pekar faktiskt åt vänster"* Problemet är bara att nu kommer personen säga *"nej, du hade rätt, den pekar åt höger"*. Varje situation i livet är en tolkning utifrån var i livet du befinner dig. Hur Du väljer att tolka det Du ser eller upplever är det bara Du som kan bestämma. Har du gått genom livet och i ren envishet försökt såga med en hammare kommer du för alltid kämpa i både motvind och uppförsbacke för att du valt fel verktyg i vald situation. Oftas har vi en tendens till att upprepa våra misstag och första tecknet på en idiot är att göra samma sak om och om igen men förvänta oss nya resultat. Först när du tröttnat på dina invanda beteenden och på riktigt väljer att göra en förändringar kommer den också att komma. Sällan eller aldrig kommer den självmant till dig utan ansträngning. Inspiration är en färskvara så mitt råd är att ta tillvara på glöden när den vaknar och börja smida ditt nya liv.

Du har alltid ett val att se dig som ett offer för vad du råkade ut för eller gå stark ur situationen och se det som en erfarenhet så att du vet hur man inte ska göra nästa gång. Endast Du sätter begränsningarna i ditt liv. Vi tenderar till att sätta krokben på oss själva jämt och ständigt genom att säga att vi inte kan något eller att vi drabbats av något etc. Men du har alltid ett val. Du kan identifiera dig som ett offer likväl som en krigare, det är det bara du som bestämmer, ingen annan. Myntet har oftast två sidor och du kan likväl välja kung som klave, acceptans eller förnekande, lycka eller sorg.

Våra hjärnor fungerar lite som en annons från

google. Ju mer du söker på en sak ju mer kommer det upp annonser på just dom sakerna när du sedan besöker andra hemsidor. Du har efter generationer programmerat din hjärna till ett visst tankemönster och tror på samma sätt att det du tänker idag kommer du vilja tänka imorgon så därför ligger det nära till hands att ge dig precis det också. Och som du vid det här laget redan vet blir vi det vi tänker och det vi tänker det attraherar vi in i vårt liv. Slutsatsen av detta blir att tänker du på negativa tankar så kommer det troligen hända negativa saker i ditt liv likaså om du tänker dig till ett överflöd är det överflöd du ser och överflöd din hjärna efter en tid kommer ställa in sig på.

Hur ofta har du inte sagt orden *"Ja, men vad var det jag sa, jag visste att det skulle bli så"* Låt mig också gissa att det oftast är i negativa situationer du säger denna fras. Du visste att bilen inte skulle gå genom besiktningen, du visste att det skulle bli rödljus eller kö på väg till jobbet. Du visste att någon precis tagit sista kaffet eller du visste att det var upptaget på toaletten just när du behövde gå och budibambam. Du visste det eftersom du föreställt dig det just det scenariot och det enda universum gjorde var att snällt ge dig det du vill ha. Tänk vad du kan få uppleva positiva saker hädanefter när du från och med idag ställer om och på förhand tänker att positiva saker ska ske. Det är mycket roligare att säga frasen *"jag visste det"* då.

Övning: Träna ditt tålamod. Nästa gång något som du anser går emot dig. Le, var tacksam och tänk. "Idag har det gått mer rätt än fel, detta lilla snedsteg gör ju faktiskt ingen större skillnad, jag väljer att släppa det."

Be och du skall få

När jag var 20 år gammal hade jag spenderat 12 år i kommunal grundskola. Jag hade gått ut gymnasiet med godkända betyg i alla ämnen och riktigt bra betyg i en del ämnen. Jag var nog ganska medelmåttig. Jag växte upp i en liten stad i södra Sverige och tänkte strax efter studenten att nu får jag nog skaffa mig ett arbete, sedermera en lägenhet och kanske träffa en flicka att gifta mig med. Min hjärna gick på repertoar och gjorde exakt det som samhället förväntade sig att jag skulle göra och till stor del det generationen innan mig hade gjort. Men. Just min hjärna har ärvt en smula dna som kallas för äventyrslust. Min pappa var sjöman i unga dagar och stack ut från mängden genom att åka världen runt och upptäcka nya världar. När han bestämt sig för att det var nog med havet hamnade han i södra Sverige och bosatte sig där. Min moder flyttade från kungliga huvudstaden när dom träffades och har sedan dess spenderat sina dagar i Skåne. Genom detta arv hade jag en strimma äventyrslust i kroppen. Detta är jag evigt tacksam för. Jag hade jobbat på ett hotell året efter studenten när jag en dag fick nog. Det var bara så att min kropp så åt mig att nu ska du göra något annat och jag kände en stark längtan efter att bryta mig loss. Jag ville åka till USA och bo där istället trots att jag aldrig varit där förut. Sagt och gjort. Några månader senare landade jag i Boston Massachusetts och spenderade 12 månader i och omkring Boston samt en månad genom att åka runt till alla platser jag sett på film och drömt om att besöka. Jag övernattade på botten av Grand Canyon, jag drack mig redlös i Las Vegas och jag spejade efter bisonoxar i Yellowstone. Jag gick kvällspromenad på Santa Monica boulevard och jag tog en selfie bredvid Miami Inks studie i Miami (det var inne på den tiden att göra så) Jag levde livet, på mitt sätt. Sedan den tiden har mitt liv aldrig varit sig likt. Jag återvände till Sverige med nya erfarenheter och en hjärna vars omvärld expanderat. Genom att gå utanför komfortzonen och följa min inre glöd kunde jag tidigt känna att livet är mitt att leva. Jag sätter reglerna i mitt universum och jag följer min intuition. Vän av ordning tänker nu. *"Ja men sådär kan inte alla göra. Tänk hur det skulle se ut om alla gjorde som dom själva vill, har du ingen moral i kroppen?"* Ja, tänk vilken fantastisk värld vi hade levt i om alla gjorde lite mer som dom själva ville. Jag tror att vi alla hade varit lyckligare, mycket friskare och inte så förbannat introverta. Dessutom så kan jag ganska snabbt vända på påståendet och konstatera att moral existerar inte utan hyckleri och vice versa. Varje person som moraliserar över en annan människas beteende har alltid en undertryckt längtan över att göra detsamma. Det vill säga, är du en sådan person som tycker mycket om vad andra gör kan jag lova dig att ditt undertryckta jag bara skriker efter att få göra just det som du moraliserar över. Mitt råd till dig - bara gör det. Hade vi haft en arbetsmarknad där människor fått lite mer spelrum, mer flextider och mer frihet under ansvar tror jag att när våra hjärnor väl fattat grejen att resultaten blivit bättre. Se på våra grannar i söder, världens lyckligaste befolkning sägs det med sina 6 timmars arbetsdag mår danskarna bäst i världen. Mår du bra och sprider glädje sprider du glädje vidare till andra. Din arbetsplats hade blivit en plats där folk frodas och dina vardagliga uppgifter som att storhandla i rusning på en fredag eller skura golvet efter spilld köttfärssås en tisdag hade inte upplevts lika påfrestande och tråkigt. Älskar du ditt liv kommer andra människor att älska dig utan att riktigt veta varför, det bara är så. Folk kommer prata om dig och säga *"det är något speciellt med henne"* Förälska dig i ditt liv, lev ut dina moraliserande undertryckta känslor och bli en lyckligare människa.

När jag för en tid sedan tackade ja till ett arbete hade jag redan på förhand bestämt mig för hur mötet skulle sluta. Jag kom in på intervjun med världens största leende och hälsade sedan på chefen som om han var min bästa vän. Sedan krävde jag en hög lön för jobbet jag skulle utföra. Jag hade letat upp lönestatistiken för yrket och la sedan på 30 % och det var exakt vad jag krävde. Jag dikterade mina arbetstider och ville börja på exakt ett klockslag och sluta på ett annat. Jag var själv inte helt säker när jag lämnat intervjun om mina krav skulle gå igenom. Men kom genast på bättre tankar och intalade mig själv att det jag just krävt är faktiskt mina krav, dom jag har innerst inne. Jag försökte inte passa in i en mall utan faktiskt låta jaget bestämma. Två dagar senare ringde chefen och ville meddela att han mötte mig på samtliga krav. Det var precis så jag hade sett det framför mig innan mötet att det skulle sluta.

Om ingen annan än du själv står upp för dina

önskemål vem ska då göra det? Eller framförallt, hur ska andra veta vad du innerst inne vill ha om du inte uttryckligen ber om det? Är vi kanske för rädda för att det vill vi ha ska framställa oss som fräcka, utmanade och oönskade? Jag tror det. Framförallt här i Sverige. Det må vara en kultur vi haft, observera haft inte har. För ingen annan än du har gått med på att det är eller har varit så, vill du inte vara konflikträdd och framstå som utmanade så behöver du ju inte känna så heller även om du i andras ögon fortsätter att vara det.

Övning: Våga be om det du vill ha. Exakt det du vill ha. Vill ingen ge dig det. Fråga någon annan. Diktera villkoren i ditt liv.

*Människor är oftast så lyckliga som de bestämmer
sig för att vara* - Abraham Lincoln

Förväntningar och stress

Varför steg du ur sängen i morse? Vad är det för
fråga kanske någon tycker. Men många har inget
bra svar på den frågan. Var det för att du ska på ett
möte, för att träffa dina föräldrar, rasta hunden
eller för att du av någon anledning inte dog under
natten? Den sistnämnda stämmer in på många av
oss. Vi gick ur sängen för att vi inte dog inatt
heller. Vi går genom livet som en bil på tomgång
genom att dagligen göra samma saker vi gjorde
dagen innan. Det tar ingen kraft av oss, våra
hjärnor behöver inte anstränga sig alltför mycket
eftersom den bara ställer in sig på att upprepa
gårdagen. Hjärnan går på repeat. Man säger att det
finns två sätt att se på det, antingen ser vi att glaset
är till hälften tomt eller till hälften fullt. Förr levde
jag med tankesättet att livet är hälften tomt, snart
finns det ingenting kvar. Varje dag var en ny dag
eftersom jag inte dog under natten. När jag flyttade
tillbaka från USA efter mitt äventyr som ung
20-åring hoppade jag på en utbildning inom
marknadsföring. Jag hade de senaste 13
månaderna levt livet. Jag menar inte levt livet som

att jag festade hårt, träffade tjejer eller körde omkring downtown varje kväll med nedvevade rutor och spelade hög musik. Nej jag levde och jag kände mig levande, vibrerande av energi och ett sinne på helspänn för nya äventyr och utmaningar. Väggen skulle komma några månader senare och ett bryskt uppvaknande om att leva ibland innebär att göra saker man inte tycker om men att man även i de stunderna får välja att antingen fortsätta leva eller ge upp.

Jag flyttade in ett studentkollektiv med fem andra personer jag aldrig sett förrän samma dag vi sågs ute på gårdsplan till vårt allas nya hem på jorden. Vi fick välja ett rum vardera i villan och delade systerligt och broderligt på kök och badrum. Den första kvällen var trevlig såsom det oftast är när nya människor träffas. Vi visar sällan vårt riktiga jag eftersom vi verkar ha en medfödd instinkt till att mitt riktiga jag inte duger, det för smyga sig på. En konstig företeelse.

I mitt huvud var jag fortfarande kvar i Boston eller bland Grand Canyons djupa dalar. Jag ville egentligen inte plugga och ville verkligen inte plugga marknadsföring. Men något behövde jag göra. Några veckor in på utbildningen där alla i

klassen var bra individer och sammanhållningen
god började jag landa i huvudet att detta var min
nya verklighet. Ångesten började göra sig påmind
om kvällarna och jag hade svårt för att sova. Min
flickvän på den tiden bodde i Tyskland och vi
träffades inte så ofta på grund av vi hade dåligt
med pengar båda två vilket sakta ledde till att vi
gled ifrån varandra. Jag hade vi denna tidpunkt
inte lärt mig att pengar har man alltid bara det att
man inte alltid vet var man lagt dom. Vårt uppbrott
var ett hårt slag i min värld där jag redan var på
väg att tappa min identitet. Jag flyttade från
boendet in till en egen lägenhet i tron om att saker
skulle bli bättre om jag fick vara själv. Men det
blev värre. Eremiten växte inom mig och en röst
sade nedvärderande saker till mig om kvällarna.
Jag tog ett snabbt beslut om att inte längre bo
ensam så jag teamade upp med en kurskamrat och
skaffade en större lägenhet. Andreas och jag
delade på en tvåa vilket snabbt fick fördelen att jag
inte behövde sitta ensam om kvällarna. Istället satt
vi och pratade, drack öl och spelade allt som oftast
tv-spel och bjöd över vänner som tillsammans
skapade en härlig stämning och en behaglig plats
att vara på. Lägenheten fylldes av skratt,
spontanitet och värme. Det blev räddningen för

mig att inte gå längre ner i en depression som efter
den tiden inte heller gjort ett försök att komma
tillbaka. Den dörren är och förblir stängd. När man
förlorar sin identitet är det svårt att kliva upp ur
sängen på morgonen. Jag gick upp för att jag inte
dog. Inför sista året hade vi en del praktik på
utbildningen och Andreas skulle till Stockholm. Vi
lämnade lägenheten och jag flyttade till
Helsingborg. Jag visste inte varför men något sade
mig att det var dit jag skulle. Jag hade inga planer,
inga pengar och visste ingenting om staden vars
perrong jag stod på. Inom mig fanns det dock en
liten röst från en gammal sur gubbe som försökte
muntra upp mig genom att säga något i stil med
"det blir nog bra" En lägenhet kom som en skänk
från ovan och mitt nya liv på mina 17
kvadratmeter kunde ta form. Studierna flöt på men
jag ville verkligen inte arbeta med marknadsföring
men jag hade lovat min mor att inte hoppa av. Jag
sökte jobb som frilansjournalist på en större
tidning inom ekonomi och inriktade mig mot
idrottsvärldens affärer. Det gav en del pengar in på
kontot men ganska snart insåg jag att även detta
inte var mitt kall. Att ensam sitta och ringa runt till
företagare och fråga dem om strategier för deras
sponsring för idrott lät roligare i mina öronen än

vad det faktiskt var. Efter ungefär 1,5 år gjorde jag mitt sista reportage för tidningen och har sedan dess aldrig skrivit en artikel mer i mitt liv. Ett beslut jag både ångrar och är tacksam för. Går man emot sin inre kompass går man emot allt man står för. Det är skillnad på att inte ge upp och knega vidare och på att gå vidare med något som man i varje cell känner är fel. På ett sätt slängde jag bort 2 år av mitt liv genom att sitta i skolbänken och traggla in något som jag insåg ganska snabbt var meningslöst, men samtidigt var det någonstans menat att jag skulle hamna i Helsingborg och på den vägen träffa Paulina som jag idag är lycklig gift med. Min inre kompass hade kanske fört mig dit ändå trots att jag valt att inte fortsätta med studierna men vägen hade definitivt sett annorlunda ut. Vi har varje dag ett val när vi stiger upp. Antingen fortsätter vi på den kurs vi gör i tron om att det är den rätta. Men känner du innerst inne att något är fel är det din skyldighet som ledare för din egen kropp att styra dig rätt. Universum har sina knep att visa dig om du är på rätt köl eller inte men är du inte medveten om det, likt jag inte alls var på den tiden, spelar det tyvärr ingen roll om så någon kom fram till dig, ruskade om dig och sa *"det är fel håll din jävel"* Du hade troligen inte lyssnat, eller förstått.

För det är skillnad på att lyssna och på att förstå. Lyssna gör vi dagligen men om vi inte förstår det vi hör är det egentligen ingen mening med att vi lyssnar heller. Vi behöver bli mer nyfikna på livet och ställa oss frågorna som leker fram svaren. Känns det bra i hjärtat vet man att det är rätt. Eller som jag under många alltid sagt *"går det lätt är det rätt"*. Lova dig själv från och med idag att varje dag ställa dig frågan "Vill jag det här?" Den sura gubben vaknar direkt och säger *"Man kan väl inte bara gör som man vill?* Jo, det kan man. Ingen annan människa än du själv kan bestämma över vad du vill och inte vill. Du behöver inte arbeta, om du inte vill. Det finns massor med människor i världen som inte arbetar men som överlever ändå. Vissa av överlevarna, dom lever också. Många människor och framförallt nordbor är överlevare, men dom lever inte.

För den som är insatt i vad FN sysslar med när dom inte försöker skapa fred i världen så är det att göra en lista över världens lyckligaste befolkning. På den listan toppade 2018 Finland. Tätt följt av Norge och Danmark. Sverige finns på plats 9. Denna lista går alltså stick i stäv mot vad jag anser.

FN tar hänsyn till bnp per invånare, förväntad livslängd, grad av frihet, socialt stöd, generositet och frånvaro av korruption. Men dom missar den själsliga aspekten. I våra nordiska länder handlar det mesta om att tjäna pengar. Du förväntas alltså att arbeta och tjäna pengar. Gör du inte det anses det vara något avvikande med dig. Förväntningar är likt det jag skrev tidigare i boken en av beståndsdelarna i Googles syn på lycka. Har du en förväntan på dig från samhället att prestera, att vilja arbeta heltid, ha lån på din bostad, ha en fin bil på uppfarten, inhyrda clowner på dina barns kalas och dyra semesterresor till fjärran länder under vintern blir verkligheten kanske inte fullt så förväntansfull. För om du tjänar alla dessa pengar men varje krona går åt till att betala för ditt leverne blir du inte mycket rikare än en person från Burundi som av FN ligger sist på listan över världens lyckligaste folk.

En svensk äger nästan ingenting. Definitionen av att äga innebär att den är din. Svenskarna tillhör tillsammans med Norge, Nederländerna och Schweiz de mest belånade länderna i världen, sett till skuldkvot för hushållen i relation till BNP. Det är inte många som äger något idag utan vi lånar saker av kreditinstitut och banker. Vi lånar något och om du lånar något kommer det krav på att du ska kunna betala för det du lånar eller lämna tillbaka om du inte kan betala. Ja, vi har inte krig i Sverige. Vi har mat på bordet och vi har ett socialt skydd om något skulle gå fel. Men detta skyddet betalar vi också för, varje månad. Gemene nordbo köper sig både säkerhet och lycka men inser ganska snart att lyckan inte sitter i ägodelarna vilket är helt sanningsenligt så istället dränker vi sorgen med att köpa något annat. Men, har du väl konsumerat din bil, ditt hus eller din Thailandsresa är det svårt att bli av med det i en handvändning om du skulle förlora din inkomst. Detta skapar stress. Vi kanske inte känner av stressen varje dag men den finns där inom dig. Självklart kan vi köpa oss framtida pengar i form av a-kassa och inkomstförsäkringar, men återigen är det en utgift som ska betalas varje månad och kräver att du bidrar till ekorrhjulet varje dag. Alla har kanske inte reflekterat över det jag just redogjort förr och det är precis så det är designat att vara. Du ska inte komma på sanningen, du ska helst inte tänka alls utan bara lyda lagen och fortsätta en generation i taget.

Varje år blir tusentals svenskar sjuka av stress. Ser stressen likadan i andra kulturer? I en studie från

2009 undersökte forskarna sambandet mellan subjektiv upplevd stress och så kallat gynnsamma livsvillkor runt om i världen. Forskarna fokuserade främst på sambandet mellan inkomst och stress. Precis som i många andra studier visade det sig att inkomst hade ett negativt samband på känslor som ledsamhet, ilska och oro men däremot var sambandet det omvända avseende stress. I de högre inkomstklasserna var upplevd stress vanligare än i de lägre. Mönstret visade sig även gälla när forskarna analyserade rika och fattiga länder. I fattiga länder var negativa känslor som ledsamhet och depression vanligare än i rika länder, däremot är graden av upplevd stress högre i rika länder. Så vad är då egentligen bättre? Fattig och ledsen eller rik och sönderstressad? Pest eller kolera. Vem upplever egentligen mer livskvalité och vad är en rättvis mätsticka att mäta den med?

Övning: Minska stressen i ditt liv. Öva dig på att stanna upp och var uppmärksam på vad du gör just nu. Drick inte ditt kaffe i farten utan sätt dig ner och smaka på kaffet med alla dina sinnen. Klä på dig kläderna med alla dina sinnen, ät din mat, laga din mat, kör din bil eller läs din tidning. Men gör det med närvaro och med alla dina sinnen öppna.

Livskvalitet

Har du någon gång sagt att *"aah, det här är livet"*?
Ja, troligtvis vill jag påstå har du någon gång sagt
den frasen. Det kan vara i poolen med en drink i
handen och solen steker från en molnfri himmel.
Eller i skidbacken en krispig dag så kinderna blir
röda. Kanske har du sittandes i en skog som slår ut
en dag i maj med vitsippor så långt ögat kan nå
upplevt livet. Vad som är livet för dig är din ensak.

Men. Varför eftersträvar vi inte lite mer *"aah, det
här är livet"* varje dag. I varje situation borde vi
leta efter det som vi tycker är livet. Annars går vi
ständigt runt i ett annat liv och parallellt universum
som vi egentligen inte vill vara i eftersom vi redan
vet att det finns en annan plats, ett annat
universum och ett annat liv som vi egentligen vill
vara i.

Har du någon gång varit på charterresa till låt säga
Grand Canaria har du säkert sista dagen sagt till
ditt resesällskap att *"jaha, tillbaka till verkligenhet
igen då"*. Men verkligheten är just där och då.

Verkligheten är nu. Konstant nu hela tiden. Tänk om verkligheten nu var sittandes på en strand i 23 grader och tårna doppade i ett varmt hav. Vågor som sakta rullar in och en sol som sänker sig i horisonten. Tänk om det vore din vardag, din verklighet, ditt liv. ditt nu. Du bestämmer ju helt själv eller hur? Ingen tvingar dig till att lämna ön om du inte vill. (Du behöver såklart fylla i lite papper och sådant trams eftersom människan har bestämt sig för att dela upp jorden vi bor på i olika delar trots att vi alla kommer från samma familj från första början. Men det är en annan sak.) Det viktiga är att du skapar din verklighet. Du är personligt ansvarig för hur du vill uppleva ditt liv. Varför inte leva så att du varje dag blir avundsjuk av din egen existens? Varför inte skapa din drömvärld och leva i den varje dag.? Du som väljer att läsa denna bok har säkert fullföljt en stor del av samhällskontraktet vid det här laget.

Du har utbildat dig, du har bildat familj, skaffat ett boende och inrett hemmet med materiell välfärd. Men ändå känner du att något saknas. Det är dags att göra något annat.

Börja varje dag kliver du ur sängen med att välkomna världen med ett leende. Med en humla i

bröstet som sjunger av välmående och som
äntligen ska få komma ut och fånga dagen. Du kan
ha den känslan, även i en vardag som består av
räkningar, skjutsa barn till skolan och köttfärssås
på gardinerna efter att barnen ätit färdigt. Du
bestämmer ju själv hur du vill reagera i varje
situation som uppstår. Kliv ur sängen varje dag
och bestäm dig där och då för att idag ska jag leva
mitt liv på mina villkor. Prova en dag eller två
kanske tre för att se hur det känns. Du har inget att
förlora på att ändra mentalitet och det värsta som
kan hända är att ingenting händer och då kan du
lugnt låtsas som om ingenting har hänt. Men om
du mot förmodan känner efter några dagar att
ingenting händer men ändå vill att något ska hända
så ta en stund och reflektera över hur ditt liv ser ut.
Hur mycket händer normalt sätt i ditt liv med den
mentalitet du tidigare haft och vad är det
egentligen du vill uppnå? Är du nöjd så fortsätt
leva som du gör. Men är du inte nöjd prova något
annat och gör så tills den dag du känner dig nöjd.
Eftersträva mer livskvalité här och nu eller det som
vi i folkmun kallar för vardagslyx. Mer livskvalité
kan du även skapa om du inte gör dig så vuxen
hela tiden. Eftersträva mer barnslighet i din vardag
och känn hur din energi fylls på. När du kliver ur

sängen på morgonen så prova att dingla med benen en stund innan du sätter ner dom på golvet, denna enkla övning väcker ditt inre barn. Musik är ett annat exempel som oftast plockar fram vårt inre barn. Alla har vi nog en skämslista på vår Spotify. Låtar som vi lyssnar på när ingen annan hör eller när vi sitter i bilen och skruvar upp så högt och sjunger falskt för oss själva. Varför gör vi detta i skymundan när det hade varit så mycket roligare att göra det i grupp? Barn har ingen problem med att leva ut sina känslor, alla som har eller har haft en treåring i hushållet vet vad jag talar om. Mitt råd är att spela dina skämslåtar varje dag. Ju mer dina tonårsbarn tycker du är pinsam och vill dra täcket över sig när dom ser dig ju bättre är det. Hitta ditt inre barn, skratta, skrik, dansa och släpp alla tankar om *"hur man ska vara"* sluta att *"bete dig efter din ålder"* för vem har egentligen bestämt hur en person i 30 årsåldern ska föra sig jämfört med en 60+?

Du tänkte rätt, ingen har bestämt det men samhället är fyllt av dessa osynliga lagar och regler som vi alla tror är sanning trots att de aldrig är nedskrivna eller knappt ens nämnda. Vi tar dom som sanning eftersom vi tror att alla andra har dem som sin sanning och för att inte få stämpeln på oss som någon med en skruv lös anpassar vi oss efter dom. Det om något är skruvat. Vi har ofta energihöjande dans hemma med barnen när vi märker att energinivån är låg. Då kommer skämslistan fram och alla dansar som om det vore det sista vi gjorde i denna inkarnation. Du kan även prova att skratta i grupp. Runt middagsbordet när vi alla är samlade börjar vi skratta från ingenstans, det tar några sekunder innan skratten är hjärtligt menande men sedan smittar det från person till person. Räkna dock med lite ont i magen efteråt för så djupa och intensiva brukar skratten bli. Skämsmusik, skratt och dans har dom egenskaperna att vi skapar positiv energi och fyller våra kroppar med välbehag. Det för också familjemedlemmar närmre varandra. Eller gruppmedlemmar överlag om du deltar i en skrattseans eller liknande, inget kan spränga osynliga broar som ett gott skratt.

Det finns en novell skriven av Arto Paasilinna som heter "Kollektivt självmord" som handlar om en grupp människor som på ett eller annat vis vill avsluta sitt liv här på jorden och bestämmer sig för att göra det i grupp. Gruppen hyr en buss och ska sedan åka utför ett stup tillsammans. Men en efter en höjer rösten om att det finns något kvar i livet

dom vill se innan dom dör. Bussen åker till sist
runt om hela Europa och alla har så trevligt
tillsammans och skrattar gott varje kväll att de till
sist inser att livet är alldeles för underbart för att
dö eftersom dom hittat en mening med sitt liv igen.
Dom hade skapat sig livskvalité där det från första
början bara fanns en gemensam nämnare, död.
Eftersträva mer livskvalité i ditt liv vilket inte
alltid behöver innefatta att något ska konsumeras.
Ett gott skratt kommer göra dig rik på riktigt långt
mer än hypotetiska nollor och ettor på rad i en
bankbok.

En människa som skrattat mycket har enligt
forskningen ett starkare immunförsvar och håller
sig därför friskare än den som tycker det är bättre
att vara allvarlig och bete sig utefter sin ålder.
Viktigast av allt är att kunna skratta åt sig själv och
inte ta sig själv på så stort allvar.

Under en uppvisningsmatch för det ryska
landslaget i ishockey åkte presidenten Vladimir
Putin ett ärevarv runt arenan men på sista
raksträckan såg han inte att den röda mattan låg
utrullad vilket fick till följd att Putin dök
huvudstupa fram på mattan. Hade en person med
lite humor och självdistans likt jag själv gjort detta

hade jag rest mig upp, skrattat åt min klumpighet och bjudit publiken på ett gott skratt. Men den alltid så allvarliga Putin rörde inte en min och det var knäpptyst på läktarna trots att det säkerligen satt ett hundratal och bet sig blodiga i mungiporna för att inte brista ut i asgarv. Synd att dom inte gjorde det men dom hade väl fått sätta sina liv till eller blivit avhysta till Sibirien om dom skrattat för så kan det gå till i länderna där makt gått till överstyr och där man beter sig utefter sin ålder.

Nej, sluta helt enkelt ta dig själv så allvarlig och se det roliga i livet istället. Gör du något klumpigt så bjud dina medmänniskor på ett skratt.

Övning: Gör det som vana att minst en dag i veckan sätta på låtar som du normalt sätt skäms för att du tycker om. Spela dom högt tillsammans med andra och finn att ofta är dina skämslåtar desamma som hos andra. Fredagar kan vara en bra dag om du jobbar 5:2. Avsluta din arbetsvecka med hög musik, dans och ett gott skratt.

Expandera ditt medvetande

Ditt medvetande kan beskrivas med varuhusmetaforen. Föreställ dig att hela ditt liv existerar inuti ett varuhus. På hyllorna står saker som du tycker om, som du inte tycker om. Minnen som du haft och minnen som ännu inte blivit ett minne i din fysiska kropp. Enda grejen med detta varuhus är att allting är 100 % kolsvart. Du ser absolut ingenting, inte ens handen framför dig. Det enda du har till hjälp är en ficklampa. Ficklampan är ditt medvetandefält. Var du väljer att rikta ficklampan är vad du kommer att se och således vad du kommer att uppleva i livet. Kanske riktar du ficklampan på några barn, några bilar, ett hus och en lång karriär eller så riktar du den mot ett liv med drogmissbruk eller hemlöshet. Men så en dag tänds hela varuhuset upp i sken av ljus som flödar så långt ögat kan nå. Hyllmeter av saker du inte visste fanns, människor du inte trodde existerade och saker som du saknat står uppradade bredvid varandra meter efter meter. Du har full insyn i hur världen skulle kunnat vara om du haft en starkare ficklampa.

Plötsligt blir varuhuset mörkt igen. Du är tillbaka till att återigen uppleva världen genom din ficklampa. Enda skillnaden är att du nu vet att det finns en värld av oändliga möjligheter, du behöver bara rikta ljuset från din ficklampa och uppleva det.

Hur tror du din värld hade sett ut om du inte levt kvar i ett begränsat tänkande? Om du från och med idag bestämmer dig för att släppa allt du redan lärt dig och tar som sanning. Hur skulle det vara om allt du redan lärt dig bara är en lögn.

Mycket i vår värld idag bygger på rädslor och skapades av personer som var rädda. Det ekonomiska systemet är ett sådant exempel. Det överlever eftersom alla gått med på att det är sanning och att det ständigt ska finnas brist. Att några ynka procent ska vara rika och de flesta fattiga. Tänk om alla samtidigt bestämt sig för att inte ställa upp på dom premisserna längre. Tänk dig om alla bestämt sig för att en tavla av Rembrandt inte alls är särskilt märkvärdig och kastat den på tippen. Det är vi människor som skapat den uppfattningen av världen som vi har. Vi som ett kollektiv har gått med på reglerna för hur

saker ska vara. Vi som kollektiv har också makten
att förändra dom reglerna. Vilken dag som helst.
Byt ut din ficklampa till en större, se fler saker och
expandera ditt medvetande. Det är din värld och
du väljer själv vad du vill se och rikta ditt ljus på.
Du behöver inte gå till jobbet fem dagar i veckan,
du behöver inte ha ett hus, en bil, en kyl eller frys.
Men du tror att du behöver allt detta eftersom det
är vad du än så länge blivit inpräntad med att du
behöver och det är än så länge det som du riktat
ditt ljus på att du behöver. Men du behöver det
inte. Du behöver inte läsa denna bok för att förstå
det heller, för du vet det redan sedan barnsben,
men du riktar inte längre ditt ljus åt den
hyllplatsen. Även om du byter ut din ficklampa till
en större och ändå väljer att leva som du gör idag
har du ändå förändrat ditt medvetande. För då har
du aktivt valt att leva det livet. Det är skillnad på
att aktivt välja och på att passivt välja. Passivt
välja är när du tror att det är du som fattar besluten
men besluten är redan tagna av den kollektiva
massan sedan tidigare.

Den kollektiva massan har förväntningar, liksom
det ekonomiska systemet idag har förväntningar på
att du kommer ställa upp på dess premisser om att
det alltid finns brist och att du måste jobba mycket

hårt för att kunna överleva som människa på denna planet.

Det moderna samhället vi lever i idag tog sin början med Moses tio budord där budorden har höga krav på människans moral. Vad du ska göra och inte ska göra det vill säga. Följaktligen bidrar dessa till att människan kommer känna skuld när budorden en dag överträds. Skuld och skam har dom ypperliga egenskaperna att människan blir lydig under lagen. Inom kyrkan har synd alltid varit en stor sak och människan ska skämmas om den syndar, återigen byggt på skuld och skam. Så länge människan är ett omedvetet offer krävs det tydliga levnadsregler för att undvika att kaos uppstår med upplösning av samhället som följd. Moses tio budord kanske inte alla efterlever idag men grundprinciperna är desamma även om du väljer att följa kristna, judiska, buddhistiska, islamistiska, hinduistiska eller för den delen någon annan religions lagar. När människan däremot blir medveten om sin plats i universum och om att allt finns till för henne när hon än behagar krävs det inga yttre regler för att samhället ska fungera. Människan är av naturen god och skapt för att hjälpa sin nästa. När vi släpper taget om vår intellektuella kontroll finner vi det inte bara naturligt att leva kärleksfullt utan även att vi alla är här för bidra till en bättre värld. Men så länge du håller fast vid moralen och lydigt rättar in dig i ledet kommer du få liknande resultat som alla andra som deltar i spelet om samhället och det ekonomiska systemet. Så länge du är det som i folkmun brukar nämnas som "normal" är allt i sin ordning. Med normal menas att en person lunkar på i tillvaron utan att ifrågasätta om det finns någon högre mening med lunken. Allt är tryggt, inrutat och mysigt men framförallt - lunken är inte utmanade i andras ögon. Men bara för att du inte ska tro att det är helt hopplöst finns det några ynka procent som har mer tillgångar än dem kan gödsla med. Det är helt i sin ordning i det ekonomiska spelet, du ska eftersträva att själv komma dit. Du ska drömma om att vinna på lotto och du ska drömma om att ha det där huset med pool och havsutsikt. Kollektivet har redan valt vilka drömmar du ska ha, men du tror att det är dina egna. Men du drömmer troligen idag samma drömmar som människor gjort i tusentals år, det är bara några marginella ting som ändras men drömmarna förblir till det stora hela dom samma. Om du inte vaknar upp och inser att det du tror är du inte är du så kommer du för alltid leva i brist och rädsla. Du kommer för alltid kämpa, gå i uppförsbacke och en dag bli bitter för att livet inte blommade ut som du trodde. Men du har alltid ett val. Du har alltid valet att ta kommandot över din sura gubbe och säga att från och med idag är det jag som bestämmer. Säg meningen högt: *"Jag ensam är ansvarig för hur jag väljer att tolka det jag ser"* Säg den så ofta så att du till sist tror på den, blir ett med den och sakta kommer din världsbild att ändras och ditt medvetande-ficklampa byts ut till en större. Du kommer ta beslut grundade på hur du känner, hur du vill ha det. Du formar livet utifrån din verklighet och bidrar på detta sätt till en ändring i det kollektiva medvetandet. Din tanke kommer påverka någon annan någonstans i världen. Om alla börjar tänka annorlunda kommer det också bli annorlunda. Det ekonomiska systemet kommer ändra sina regler och förutsättningarna för miljarders människor på jorden kommer andas ny vår.

Men dessvärre är det kollektiva medvetandet inte där idag. Kanske något är på väg att hända om jag för en stund får tro på mig själv vilket jag såklart gör. Kvantfysiken börjar skapa rörelser i samhället och alla vet att en fjärils vingslag kan förändra världen. Förändring är också vad som behövs då jorden inte mår bra. Varken människorna som bor på den eller miljön vi omges av. Krig och fattigdom är en del av spelets regler där dom rika blir rikare och de fattiga fattigare. Hur det kommer sig att 56% av jordens befolkning lever i fattigdom och svält när jorden har resurser att mätta alla flera gånger om är för mig en gåta. Jag bor själv ute på en leråker och ser då och då mina grannar plöja ner prima spannmål eftersom det finns eu-direktiv på hur mycket mat man får odla samt flera hektar av fokusarealer som ska främja biologisk mångfald, kort och gott struntas i. Matsvinn som kunde skickas till fattigare delar av världen ska istället gå rätt ner i den skånska myllan eftersom vi har för mycket. Det ekonomiska systemets tydligaste regel - se alltid till att det finns brist, även om så inte är fallet. Medan vissa delar svälter ihjäl på grund av att dom inte har mat dör vår del av världen en själslig död. Vi robotiserar inte bara våra arbeten utan även våra kroppar och hjärnor. Ju mindre du vet, desto bättre är det för ju lydigare blir du kan man väl säga. Vår brist på kontakt med oss själva gör att självmordsstatistiken i vår del av världen är skyhög. Vi matas ständigt med reklam och kampanjer om hur nära vi är på att knäcka gåtan om cancer och andra sjukdomar men det stora fokuset borde istället ligga på hur vi kan hitta tillbaka till oss själva och framförallt hur vi tar hand om våra själsliga förmågor eftersom vi alla till syvende och sist är energi.

Kan gemene man lära sig frekvensmedicin på energinivå hade vi räddat liv på riktigt. Är det något vi i västvärlden inte vet längre så är det väl just hur vi tar hand om oss själva. Vi vill återigen tro att vi vet då vi följer trender i hur man ska äta och tränar regelbundet på gym. Men statistiken på sjukskrivningar, självmord och depression pekar på motsatsen.

Ännu en spelregel i samhället är att hålla befolkningen så pass sjuk att dom tror att dom är friska men beroende utav vad personer i vita rockar säger åt dom.

Vad tror du hade hänt om du en dag varit ditt rätta jag, full av energi, inga symptom och fri att göra vad du ville. För din egen vinning hade det varit den bästa dagen i ditt liv. Men för en liten del människor hade det varit jordens undergång då systemet kollapsat och makten om ditt liv återtagits av dig. Det finns termer för oss som tagit steget mot ett uppvaknande. Foliehatt om du talar i läkartermer, new age eller hippie om du talar i samhällstermer. Det finns alltså en konstant oro från dom överst styrande att systemet som bygger på brist, skam och skuld ska kollapsa. Varje person eller grupp som aktivt motarbetar systemet ses som ett hot och genom att kategorisera och svartmåla det vi tror och gör sänder ut än mer skuld, oro och brist till dom som fortfarande står kvar i fållan men inte tagit steget ut än.

Det är aldrig lätt att vara den som leder flocken ur fållan men tillsammans kan vi på ett kollektiv medvetet plan göra små förändringar i vår vardag som på sikt gör att fler vågar lämnar fållan och stå rakryggade i det. Allt börjar med en tanke hos dig. En känslan av att göra något annat, en önskan om att det finns mer. Våga utmana, våga följa det du innerst inne känner och anpassa dig inte till vad andra vill att du ska tycka.

Varje litet steg du tar i ditt sökande expanderar strålen på din ficklampa och ju mer saker inser du att det finns på hyllorna i ditt varuhus. Ju mer du plockar ner och belyser desto mer vill du se och ju mer kommer du att få i en evigt aldrig sinande ström av universums godhet.

Det är inte vad du har, vem du är eller var du är som avgör om du är lycklig. Det är vad du tycker om det - Dale Carnegie

Energimässig kontakt

Vi kommer alla utifrån kärlek och det är till kärleken vi måste återvända för att på riktigt göra skillnad och inse att vi alla har en del av det kollektiva medvetandets fält som omger dig och alla andra varelser och planeter i universum just i denna sekund. Men vänta nu, vadå *kollektivt medvetande?* Det mesta pekar på att vi faktiskt har ett kollektivt medvetande, länkade till alla människor runt om på vår jord. Troligen även till andra solsystemet eftersom det ständigt pågår en endogen respons mellan oss, andra planeter i vårt solsystem och troligen även till andra solsystem.

Den brittiske biologen Rupert Sheldrake förklarade i boken The Field 2001 att växter och djur har ett kollektivt medvetande. De använder detta till för att veta hur de ska bete sig och överleva i olika situationer. Han kallar begreppet för "morfisk resonans" som kan förklaras att likasinnade har inflytande på varandra genom tid och rum. Zoologen Lyall Watson har påvisat just detta genom sitt vida kända experiment om "den hundrade apan". Aporna på en ö fick lära sig att tvätta bort smuts från potatisar innan dom åt potatisen. Vad som hände var att apor av samma art på andra öar isolerade från dom andra aporna började tillämpa samma teknik, trots att dom inte blivit visade hur man skulle göra. Allt pekar på att en gruppmedvetenhet finns inom besläktade arter i en form av ett sfäriskt fält av kunskap som existerar över tid och rum.

Jag är utbildad Reiki Master och utövar ofta denna form av healing på mina klienter. Att Reiki fungerar när klienten är i rummet kanske inte är så svårsmält för den skeptiska men när Reiki fungerar lika bra över tid och rum på distans blir det plötsligt svårare att insupa de facto att upplevelsen är densamma. Jag har utfört Reiki på distans när jag själv suttit i mitt mottagningsrum i Sverige och klienten i en solstol i Spanien, varje gång har jag i samtalet som följer efteråt fått positiv respons på att det kändes ingen skillnad på distans än om när jag ger klienten Reiki på plats i min klinik. Genom att tänka och intala oss att det faktiskt finns ett gemensamt energifält där vi utbyter information med varandra och kan läka känslomässiga blockeringar framstår det som att det vi idag tror är övernaturligt istället är helt naturligt. Många med mig har fått denna insikt och lever efter devisen att vi är mer än bara kött och blod och att det vi ser rent fysiskt bara är en del av sanningen om vem vi faktiskt är. Om vi nu kan kommunicera kroppar emellan på energinivå likt Reiki eller andra healingformer, behöver vi då ens en kropp att vara i? Är det vi kallar för döden bara en förkroppsligad död? Rent fysiskt med kött och blod dör vi. Men det vi kan benämna som själ, lever vidare eftersom själen består av energi och innehåller information om vem vi är. Själen har minnena som gör att vi kan resa tillbaka i tiden och minnas genom att blott stänga ögonen och låta minnena om sommaren komma åter. Jag själv med mitt andliga medvetande tror såklart inte att den förkroppsligade döden är slutstation på vår resa.

Har du någon gång gjort övningen "andebord" blir du mer än övertygad att bara för att du rent fysiskt för våra ögon är död innebär det inte att du inte finns kvar. Andebord är en väldigt enkel övning där du behöver ett runt bord som inte innehåller några spik eller skruv. Genom att smeka dina händer i cirklar över bordsytan för du in dina energier i bordet och verbalt påkalla dom på andra

sidan som vill dig något kommer du ganska snart
märka av något dem flesta av oss kallar för
övernaturligt. Bordet börjar som regel knäppa och
knaka samt hoppa upp från golvet likt vore det
kolsyra eller lätt kokande vatten undertill. När du
väl frågat om någon är med dröjer det inte länge
innan bordet reser sig på högkant i ett jakande
svar. Vad du sedan väljer att göra är upp till dig
men jag brukar fråga om budskap eller hur någon
har det och får alltsom oftast ett bokstaverade svar
tillbaka. Vet du dock inte hur du ska arbeta med
energier är mitt råd att ha med någon som vet vad
den gör första gången ni provar att utföra denna
bordsdans eller andebord. Det är ett hårt slag för
den traditionella fysiken att något som healing,
andekontakt och kollektiva medvetanden fungerar
även i praktiken och det går inte längre att förneka
att något sådant här händer eftersom det bekräftas
om och om igen världen över. Newtons naturlagar
i alla ära som var en enastående bedrift på den
tiden men de håller inte riktigt måttet idag 400 år
senare utan behöver uppdateras och kompletteras
med kvantfysiska lagar. När vi väl programmerat
om vår hjärna och kommit till sans med att vi är
alla här i våra fysiska kroppar men sammanflätade
på ett mentalt energimässigt plan vad händer då?

Vilka enastående bedrifter kunde människan skapa om vi alla slöt samman istället för att mörda varandra och utöva makt över något så banalt som mark, olja och guld. Den riktiga gåvan ligger i att gemensamt expandera i universum. Att frodas som art gemensamt med alla andra arter som just nu lever sida vid sida om oss. Kärlek övervinner alltid hat. Prova någon gång om du ställs inför en situation där någon skriker eller skäller på dig att svara med ett leende eller klapp på axeln. Säg att du känner medkänsla för personen att den har ett sådant raseri i kroppen men att du förlåter honom eller henne. Hat kan aldrig övervinna och förutom att lämna den skrikande personen framför dig med ett förvånat ansiktsuttryck har du även stärkt inte bara din egen energi utan även personen framför dig när dess haka väl åkt tillbaka upp. Kärlek föder kärlek, hat föder hat. Se det inte som en floskel utan som en medmänsklig möjlighet att faktiskt påverka en annan individ till en positiv förändring. Inspirera dina medmänniskor genom att driva dom mot målet att leva i en bättre värld även om du just idag inte vet vägen dit.

Det är svårt att gå mot ett mål som man inte vet var det ligger och då är det oftast mer bekvämt att bara sitta still i båten och hoppas på att vinden styr en rätt. Jag vill dock mena att idag är samhällets regler så präglade av ekonomisk vinning och makt att vinden inte kommer att styra dig till platsen där kärlek, förståelse och samvaro är byggstenar för samhället.

Det krävs mod och ledarskap för att skapa den världen och det är bara genom att utföra handlingar som är av godo för fler än dig själv som vi steg för steg kan skapa den och tillsammans öka vår upplevda lycka.

Har allt ett slut?

Vi lever i en tidsålder av programmerad utdatering. Allting ska ta slut, det du har nu duger inte nästa år, nästa månad eller kanske inte ens imorgon. Snabba kickar, snabba beslut och alltid något nytt och fräscht. Framgång idag räknas i antal klick. Hur många klick en artikel får på en hemsida och hur ofta nyheter publiceras så att du som besöker alltid vill uppdatera sidan och besöka den flerfaldiga gånger per dag. Vad gör det med oss som individer? Detta sökande efter att alltid ha det senaste, alltid vara på modet och aldrig frånkopplad från det stora nätet av aldrig sinande information. Återigen, stress om du frågar mig. Stressen över att konsumera för att inte bli en outsider. Stressen över att ständigt ha något som plingar och burrar i din ficka. Stressen över att internetuppkopplingen försvinner i fem minuter och vad du kan tänkas missa i dina sociala medier. Stress, stress, stress. Vi lever i en tidsålder där ingenting består. Hur kan vi i denna tidsålder lita på känslor, människor och kärlek? Svaret: det gör vi inte.

Även människor har blivit utdaterade och ständigt utbytbara. På dejtingappar kan du idag swajpa vänster eller höger på människor och inom sekunder avgöra om det är någon för dig eller inte. Du tar beslut i reptilhjärnan och ser människor med riktiga känslor, tankar och värderingar som om det vore en ny mobiltelefon du ska avgöra vars design du tycker om eller inte. Det är helt sjukt. För att människan som art ska överleva måste vi fortsätta föröka oss. Hur kan våra robotiserade hjärnor som swajpar lita på att den vi ser på skärmen framför oss är någon vi vill bygga något sant, lyckligt och tillfredsställande med?

För att riktig kärlek ska uppstå behöver vi inte bara lita på den. Vi måste tro på den. Hur kan vi tro på något idag när information finns i överflöd och är ständigt föränderlig? Även när vi tror oss veta att kärleken är sann, försummar vi den. Ofta av anledningar som vi inte riktigt kan förstå, vi säger att det inte känns rätt. Neurovetenskapens förklaring av kärlek består av dom tre ingredienserna dopamin, oxytocin och norepinefrin men även när dessa tre komponenter finns tror jag att många av oss väljer att lämna eftersom vi tror att det finns något mer, något bättre. Likt jag skrev i början om att den sura gubben aldrig blir nöjd är detta ett ypperligt exempel på hur du låtit din sura gubbe löpa amok. Om något känns bra i hjärtat och du ändå väljer bort det är det för att valmöjligheterna är för stora. Din hjärna kan inte sortera bland all information som finns, valen av partner att föröka dig med är idag för många. Förr gifte man sig med personer inom samma by som sedan spreds till andra städer och slutligen inom samma land. Idag spelar det absolut ingen roll om du bor i Ystad i skåne eller Melbourne Australien. Valen av partner blir för många och din hjärna tänker att det finns säkert någon med bättre hår, två centimeter längre eller lite mer muskler på överkroppen. Eller så känner din själ av att kärleken du just nu känner endast grundar sig på attraktion. Denna typ av kärlek kommer aldrig hålla i det långa loppet eftersom den bygger på att personen i fråga håller den attraktiva egenskap eller attributen du föll för intakta hela livet. När den egenskaper försvinner går också kärleken förlorad. Likt som Dyers son höll stenhårt i sin t-shirt hade kärleken till denna med tiden avtagit och en dag hade han slängt tröjan i vilket fall som helst och han hade hittat kärleken i en ny. Istället ska du leta efter en partner som känns rätt i hjärtat. En som du kommer komma ihåg för hur den fick dig att känna snarare än vad hon eller han sa eller gjorde. En som du vill vara med oavsett hur den klär sig, för sig eller ser ut. Utseende är föränderligt och allt som oftast ofrånkomligt av tidens tand medans ett gott hjärta består. Leta efter den som ser dig när du är osynlig för alla andra eftersom det är just den personen som förtjänar all din uppmärksamhet. Håll inte kvar i relationer som drar ner din energi likaväl se inte materialistiska saker något som varar för evigt, det kommer bara gör dig förbittrad och arg när de uppnått sin livscykel vilket bara skapar större olycka och hål i din plånbok . Däremot kan du vårda det du har, ta hand om dina saker likaväl som dina relationer. Vårda dom, ge dom uppmärksamhet så håller det längre. Uppskatta det du har och bered plats för dina affirmationer. Sluta jämföra dig med andra och se din plats på jorden som en unik möjlighet att kunna påverka dina medmänniskor att leva i symbios och förtrolighet. Vill du bli genuint lycklig behöver du börja med en tanke om att bli det. Steg för steg behöver du bryta dina invanda tankemönster och agera vartefter nya tankar gör sig hörda. Men främst måste du ha en vilja av bli lycklig. Det låter kanske konstigt att ingen vill bli lycklig men för att känna ren lycka behöver du allt som ofta offra relationer du idag byggt upp. Du präglas mest av de fem personerna du står närmast eller spenderar mest tid med. Vill du få en aktuell inblick i hur din lycka står sig så ta en titt runt omkring dig. Är du inte nöjd med vad du ser så tar dig en funderare på om det är någon eller något som behövs bytas ut för att du ska få större lycka i ditt liv.

Det kan kännas hårt och kallt men det är upp till dig att avgöra hur lycklig du vill vara. Kanske kan du istället lära ut och få med dig dina anhöriga som du känner inte vill följa med dig på din resa? Om du inte kan få med dig din närhet på din nya tankevärld om hur samhället skulle kunna se ut utan väljer att stanna kvar har du åtminstone aktivt valt att stanna kvar i något som förhoppningsvis känns okej. Du har förhoppningsvis expanderat din ficklampa i ditt varuhus och kanske har du väckt en slumrande humla som då och då gör sig ett försök att humma en stund. Men för att citera Karl Lagerfeld *"Om du offrar för mycket av dig själv finns det snart inte mycket kvar att ge"*

Har vi funnit lyckan slutar kraven från omvärlden

att existera. Våra begär från omvärlden finns inte längre kvar eftersom allt det vi vill ha, det har vi redan framför oss. Det kan vara både fysisk eller psykiskt. Det kan vara i ett rum med människor vi älskar där vi känner att ingenting behöver ändras på just nu eftersom allt är perfekt, du är lycklig. Kanske har du varit med om en kväll där du i goda vänners lag eller tillsammans med din familj känt att du aldrig vill att det ska ta slut. Inga telefoner eller appar i världen intresserar dig eftersom allt ditt fokus ligger i att vara en del av stämningen i rummet med gruppen du befinner dig i. Har du i det tillståndet upplevt sann lycka? Troligtvis. Eftersom de flesta av oss kan relatera till ett minne av sann lycka torde de flesta av oss ha en referensram att förhålla oss till och eftersträva efter. Danskarna som sägs vara ett av världens lyckligaste folk kallar detta tillstånd för "hygge". Svenskarna har inget bra ord för det men när vi tillsammans med andra människor upplever lycka borde det inte var svårt att förstå att vår olycka växer i takt med att vi blir mindre sociala fysisk med varandra eftersom mobiler, appar och skärmar överlag tar över även på sociala fronter. Vi pratar över videosamtal, sms och använder gula gubbar eller meems för att förklara vilken sinnesstämning vi befinner oss i. Något som aldrig behövs i ett verkligt möte. Jag har själv aldrig behövt säga *"du förresten, jag är glad nu"* när jag berättat något roligt som hänt.

Det uppfattar mottagaren oftast av sig själv. Jakten på likes, delningar och kåthet av kändisskap breder ut sig som den värsta av epidemier. Sociala medier har sina fördelar men nackdelarna börjar i min värld ta över.

Ett möte mellan människor där elektronik inte är inkluderat känns som en lyxföreteelse idag och något som man aktivt tar sig tid för att göra. Elektronikbanta, semestra offline, flightmode-dining är moderna företeelser som för knappt ett decennium sedan var en helt vanlig vardag. En middag med goda vänner, tända ljus och intressanta samtal utan att något tar upp en telefon för att förstärka känslan av det roliga han eller hon varit med om är på utdöende.

Vad händer med våra hjärnor när alla världens nyheter finns ett litet klick bort? Enligt en rapport från socialstyrelsen 2018 visade den att psykisk ohälsa bland unga i åldrarna 10-17 år ökat med 100 % de senaste 10 åren. Var är vi om ytterligare 10? Eftersom våra hjärnor blir bra på det vi fokuserar på kommer vi således bli väldigt bra på att interagera med varandra - på nätet. Människan har i alla tider längtat efter att socialisera sig med varandra. Vi gav oss ut på okända hav och korsade kontinenter för att göra affärer med varandra. Än idag längtar vi efter att få höra meddelande från yttre rymden i hopp om att vi är inte ensamma där ute. Men de 7 miljarderna människorna som redan finns på vår planet, varför vill vi inte möta och interagera oss med dom istället? Det vore tämligen mycket enklare eftersom vi vet var var alla dessa människor befinner sig så vi slipper spendera miljarders kronor på att leta reda på dom. Ponera att vi hittar liv i rymden. Vill vi då spendera flera miljarder på att utplåna det liv likt vi idag försöker utplåna delar av jordens befolkning i dylika konflikter och krig? Vad är meningen med att söka efter en annan art egentligen? Är det än en gång vår sura gubbe som löper amok och inte är nöjd med den livsformen vi redan har? Sociala medier visar tydligt på att vi som art vill vara till nytta för andra, vi skriker inombords att få bli sedda, få känna oss behövda då lyckan är som störst när vi hjälper andra. Lagsport bygger på att vi hjälper varandra och som kollektiv vinner vi, inte ensamma. Singelsport-utövarna behöver publikens stöd för att få en dos av *"se mig"* då de oftast sträcker händerna mot skyn och applåderar mot läktarna.

Tänk om du nyss slagit världsrekord i längdhopp och hela ditt ego bara skriker av glädje, du vänder dig mot läktarna för att ta emot publikens jubel, du riktar din blick mot tränarbänken för att se glädjen i din tränares ögon. Men ingen är där. Ingen har sett dig hoppa. Läktarna ekar tomma och ingen delar ditt lyckorus, du är alldeles ensam.

Vad betyder rekordet då om ingen annan än du själv var där?

I ett lag får vi naturliga dopaminkickar av lyckans *"du är behövd"*. Dessa kickar är det som eftersöks varje gång en bild laddas upp i sociala medier *"se mig, hör mig, gör mig behövd"* i ett ständigt pågående flöde. Vår hjärna kräver dopamin och är faktiskt en av de viktigaste signalsubstanserna i centrala nervsystemet. Men vår hjärna kan inte skilja på det ena missbruket från det andra, för hjärnan är alla missbruk likadana och idag lider vi av en epidemi av digitalt missbruk i omfattande skala. Ska vi räkna in stillasittandets konsekvenser i ekvationer som sociala medier bidrar med finner vi allt större olycka. År 2010 gjorde jag tillsammans med en elitförening i handboll en undersökning om spontanidrott. Vi åkte runt en solig dag i juni och besökte lekparker och kommunala idrottsanläggningar för att se vilken aktivitet det fanns. Studien byggde mer på empirisk insamling än vetenskapligt grund och var mer en rolig grej vi fick för oss att göra under en dag då ämnet spontanidrott var på tapeten. Av cirka 35 besökta lekplatser, idrottsplatser och dylika platser där spontan lek och idrott kan utföras var det denna soliga dag i juni aktivitet på under 10%. Alltså hade cirka 3 platser barn som utförde något som främjar god hälsa. Var fanns alla barn?

Jag tror att vi mer än någonsin tidigare behöver stanna upp och reflektera över vilken väg vi vill vandra. Vilket samhälle vill vi ha i framtiden och visst vill vi att alla i det samhället ska må bra? Det borde vara överst på agendan för alla politiskt valda.

Övning: Spendera minst en dag i veckan med att bara vara närvarande, på riktigt. Stäng av din telefon och dator. Stäng av ditt internet. Umgås med personer som fyller dig med energi och gör det med fullständig fysisk och mental närvaro.

Framgång är att få det du vill ha. Lycka är att vilja ha det du får - Okänd

Meditera

En stunds avskärmning från vad allt vad vardagsstress och prestationer innebär anser jag är a och o till en lycklig hjärna och kropp. När min fru och jag fick barn mediterade vi inte alls trots att vi redan då visste hur bra det var. Men som ett par utan barn med all tid i världen att göra vad man vill när man vill reflekterar man inte så mycket över det här med egentid och avskärmning i vardagen eftersom det oftast inte finns så mycket yttre påverkningar som "stör". Nu menar jag inte att barn stör, eller jo det menar jag faktiskt att dom gör. Eller rättare sagt så suktar dom efter vår uppmärksamhet vilket vi oftast tolkar som att dom stör när vi själva tänkt oss göra något helt annat än att lägga ännu ett pussel eller rita ytterligare en katt med färgglada kritor. Men innan dessa fantastiska varelser dyker upp i våra liv mår vårt ego som allra bäst. Visst gnäller den sura gubben inom oss då och då när någon kör för fort på motorvägen eller om det finns ludd i tvättstugan.

Men allt som oftast är allt du tar dig för på dina villkor och du kan själv välja att försova dig till jobbet om du vill eftersom ingen annan väcker dig. Men när du väljer att skaffa barn så är det oftast så att barnen har en annan dygnsrytm och agenda än du och väljer således att vakna okristligt tidigt just när du drömde som bäst om allsköns sportbilar och badkar fyllda med guldmynt.

När min fru och jag började inse att vår tid som vi kan styra över plötsligt blivit kidnappad av tre små barn och när vardagsstress och småbarns-hålligång kröp sig allt närmare insåg vi båda att vi måste börja schemalägga tid för lugn och ro. Vi började meditera.

Det sägs att alla stora mästare har ägnat tid åt meditation för att avskärma sig och ge mer utrymme i sitt huvud åt nya tankar och ideer, tömma sin bägare helt enkelt. Meditation och affirmation anser jag ligger varandra nära på det viset. Har du en fast övertygelse om att du kan något vill jag lova dig att det kommer att ske förr eller senare. Ju mer du affirmerar ditt önskade tillstånd och ju mer du väljer att tro på att detta är sant finns det till sist inga rimliga tvivel till att det du vill ska hända eller ta dig för inte kommer att fungera eftersom du redan i ditt huvud har upplevt det flera gånger om.

När Jesus valde att gå på vattnet fanns det inom honom ingen tvivel på att det inte gick att utföra. När Siddharta blev Buddha satt han under sitt Bodhiträd och trots att den yttre påverkan var enorm valde han att sitta i lugn meditation och tänka på meningen med livet. När du väl bestämt dig för att meditera kommer du att inse hur mycket det faktiskt ger dig i lugn och ro-kapital.

Jag började med 15 minuter lugn och ro vilket till en början kändes väldigt lång tid och jag blev ofta otålig. Min sura gubbe satt och gnällde högt och ljudligt om att *"ska det här verkligen vara nödvändigt?"* Det är en märklig företeelse att när du väl får det du önskar som mest känns det oftast obekvämt. Det är ungefär som när barnen lagt sig för kvällen och du äntligen landat i soffan när känslan av att någonting fattas kommer smygande. Kanske tillhör du gruppen av människor som smyger upp till barnen och öppnar dörren till deras rum för att se om dom andas, kanske till och med ger dom en liten puss i pannan med en liten liten önskan om att dom faktiskt vaknar igen så att ni kan sitta och mysa en stund till. Spola tillbaka tiden någon timme när kaoset var som störst i hemmet runt middagsbordet och du bara räknade timmarna till att barnen skulle gå och lägga sig. När du får det du önskar vill du ganska ofta ha det andra igen.

Men för att återgå till det här med att meditation känns som en lång tid till en början så kommer du med tiden börjar längta efter att få meditera och som med allting annat blir du bra på det du fokuserar och övar på så det är inte konstigt att du inom en snar framtid kommer kunna sitta blixtstilla och meditera i över en timme. Börjar du meditera eller på något annat sätt utöva mindfulness kommer du också tillhöra skaran av framgångsrika personer.

Tim Ferris, författare till boken "fyra timmars arbetsvecka" skriver i sin bok att 80 % av de personer han intervjuat som på något vis anses vara framgångsrika utövar dagligen meditation eller annan form av mindfulness. Varför då? Troligen för att det ger så pass mycket hälsoeffekter att stänga av hjärnan från omvärlden en stund. Man vet idag att meditation minskar stress, balanserar humöret, ger jämnare och bättre sömn samt reducerar inflammation i kroppen. Jag känner själv en enorm skillnad sedan jag började meditera på daglig basis och idag är meditation en lika självklar del av dagen som en kopp svart kaffe på morgonen.

Inom Kundaliniyoga finns en meditation som heter Kirtan Kriya som läkaren Dharma Singh Khalsa forskat på i över 10 år. Vad han kommit fram till är att förutom de positiva effekterna jag redan nämnt ovan är att denna form av meditation även stimulerar och skapar nya kopplingar mellan höger och vänster hjärnhalva. Inom kundaliniyoga används därför Kirtan Kriya för att bryta vanor som bygger på mentalt eller fysiskt beroende exempelvis om man vill sluta med socker, nikotin eller dåliga relationer. Vill du själv prova Kirtan Kriya kan du sätta dig likt under så kallat vanlig meditation med rak rygg och stilla omgivning. Kirtan Kriya är en mantrameditation vilket innebär att du kommer upprepa ett mantra istället för att bara sitta tyst. Mantrat du ska upprepa är Sa Ta Na Ma och det ska upprepas i följande steg:

- Börja med att säga Sa Ta Na Ma högt i 2 minuter

- Fortsätt med att viska Sa Ta Na Ma i 2 minuter

- Tänk sedan Sa Ta Na Ma tyst för dig själv i tre minuter

- Fortsätt med att viska Sa Ta Na Ma i 2 minuter

- Säg sedan Sa Ta Na Ma högt i ytterligare 2 minuter

- Avsluta sedan med en minut i stillhet.

Här har du receptet på ett väldigt gott hjärngodis. Unna dig dessa 12 minuter varje dag och märk skillnaden i din kropp och i ditt sinne. En annan meditation för dig som snabbt vill finna inre frid är att meditera över ditt eget namn. På varje utandning säger du ditt eget namn tyst inom dig själv. Du kommer att känna hur du självcentrerar dig väldigt snabbt och effektivt när livet runt omkring i övrigt upplevs som stressande och jobbigt.

Då och då är det en god idé att pausa i vår strävan efter lycka. Och bara vara det. - Okänd

Vatten

Livet på jorden är beroende av en rad saker för att kunna frodas och vatten är en av utav grundstenarna. Vårt liv startade i vatten och innan du tar ditt första andetag av syre på jorden har du tillbringat nio månader i vatten. Du har troligen märkt hur månen spelar roll på tidvattnet då det reser sig i flod och drar sig undan vid ebb. Då våra kroppar består till 70 % vatten är det inte konstigt att påstå att även vi styrs av månen och dess faser. Alla har vi dagar då vi mår som allra bäst, när precis allting vi tar oss för flyter och livet känns lekande lätt. Kan det vara att vi just då bevittnar flod i vår kropp och dagar då vi knappt orkar ur sängen är vi en likt en torkande flodbank vid ebb? Många havslevande djur har beteenden som kan härstammas till månens faser. Bland annat visade forskare vid universitet i Bordeaux att ostron föredrar att hålla sig öppna och äta under halvmåne och nymåne men håller sig stängda vid fullmåne.

Den japanska forskaren Masaru Emoto har revolutionerat forskningen när det kommer till just vatten. Emoto har på bild fångat hur vattenkristaller ändrar sig beroende på hur omgivningen runt dem ter sig. *Du får vad du ger* är en mening som människor använt sedan urminnes tider som en sorts formel eller levnadsregel och vatten har visat sig svara direkt på just detta påstående. Homeopater och så kallat högsensitiva människor har länge känt till det Emoto nu bevisat och synliggjort för alla. Att vatten har den magiska förmågan att kunna ta upp medvetenhet i diverse form och på så vis ändra sin energi och kvalité beroende på vilka ord, tankar eller handlingar som utförs runt omkring det. Vid en negativ omgivning visade Emoto att vatten bildar oregelbundna och fula kristaller och vid en positiv bildas det hexagonala och vackra kristaller. Den mest fascinerande upptäckten han gjort är att den tåligaste strukturen av vattenkristaller skapas när omgivningen är fylld av kärlek och tacksamhet.

Eftersom vi består till 70 % av vatten och vår jord består av procentuellt lika mycket är det inte svårt att dra slutsatsen att en kärleksfull omgivning kan förändra den fysiska strukturen i allt levande. Talar du till dig själv varje dag att du är vacker, rik och snäll samt tänker dessa tankar både till dig själv och om andra kommer vattenkristallerna inom dig och inom dem du möter förändras till det positiva. En positiv tanke från dig kan alltså förändra fysiskt liv hos någon annan. Emoto har i sin forskning testat vatten från både sjöar och floder som runt om i världen anses heliga. Bland annat i floden Ganges som inom Hinduismen är en dyrkad och helig flod där tusentals hinduer vallfärdar för att utföra sina ritualer. Floden är mycket förorenad och frågan har väckts varför inte människor blir sjuka av det till ytan smutsiga vattnet. Emotos vattenprover har dock visat på en välmående flod då vackra kristaller syns på hans fotografier. Floden har alltså tagit upp omgivningens tankar, böner och välsignelser och lyssnar således mer på det immateriella än det som kan ses av blotta ögat.

Enligt kinesisk medicin består vi till 97 % immateriellt och endast 3 % materiellt så det är med detta synsätt inte märkvärdigt att en flod som Ganges anses vara välmående då den till största del matas med immateriell positivitet och endast en liten del materiell negativitet i form av sopor och annat avfall. Kvantfysiker har länge påpekat att vi som människor kan påverka vår omgivning genom att tänka på ett visst sätt då våra tankar

skickar ut en vibration, alltså en annan vågrörelser
än den vi just hade eftersom vi alla består utav
energi.

Det japanska ordet Hado betyder kort och gott Våg
och Rörelse. Emoto menar att Hado är det
inneboende vibrationsmönstret i allt som finns.
Hado är alltså den minsta beståndsdelen i energin
som finns i vårt mänskliga medvetande och genom
att fokusera våra tankar och känslor på vatten kan
vi därigenom direkt påverka materia i vår fysiska
kropp eftersom en förändring i vibrationen
påverkar materian, det vill säga det vi fysisk ser
med våra ögon. Tänker du således att du är en
lycklig människa sänder du ut vibrationer av lycka
och påverkar inte bara din egen kropp utan alla
andra som din energi är sammankopplad med.
Kvantfysiker menar att har du en gång på
atomnivå tagit i något eller någon är du för evigt
på energinivå sammankopplad med detta som ett
mystiskt fält av trådar som går kors och tvärs
genom hela vår planet. Det finns ett experiment du
kan utföra för att i praktiken visa att detta existerar.

Det går ut på att du ska tänka på en person som du
kanske inte träffat på en tid men som du antingen

har en bra känsla till eller negativ, det spelar mindre roll. Tänk dig att du tar era små trådar som ni är sammanflätade med och att du klipper av dom. En efter en försvinner banden till denna personen. Jag vill lova dig att denna personen kommer att höra av sig till dig inom det snaraste eftersom denna personen kommer att få en känsla av att den måste ta kontakt med dig. Varför då? Jo, för energin till dig är bruten och som energivarelser som vi är kommer denne blixtsnabbt att upptäcka detta.

Vatten har den fina egenskapen att den är 100 % anpassningsbar och rättar sig alltid efter sin fysiska omgivning. Häller du vatten i en bägare formar sig vattnet till den. Häller du vattnet på golvet flyter det ut, men det förblir alltid vatten. Även om du så kokar vattnet blir det till ånga men är fortfarande vatten. Fryser du ner det väntar vattnet lugnt och tålmodigt som om ingenting hade hänt. Vatten anpassar sig alltid men förblir likväl sitt sanna jag. Människan har att lära av sitt grundelement att anpassa sig till sin rådande fysiska omgivning men aldrig ge avkall på den hon innerst inne verkligen är. Gör du avkall på dig själv kväver du din lycka och frambringar olyckan. Anpassa dig istället likt vatten i ett vattenfall och forsa fram i ravinen med en klar agenda om var du är på väg. Ta dig förbi hinder i form av smala passager, nedfallna träd och stora sten, anpassa dig men glöm aldrig bort vem du är och vad du är här för att göra. Endast vetskapen om vad som är möjligt är grogrunden till lycka. Lycka är på samma sätt ett val som då och då kräver lite ansträngning och underhåll samt en hjärtvärmande knuff i rätt riktning.

*Din röst och dina steg faller mjuka som dagg
på min arbetsdag.
Där jag sitter är det vår i luften omkring mig
av din levande värme.
Du blommar i min tanke, du blommar i mitt
blod, och jag undrar bara,
att inte mina lyckliga händer slår ut i tunga
rosor.*

*Nu sluter sig vardagens rymd kring oss två,
lik en len lätt dimma.
Är du rädd att bli fånge, är du rädd att
drunkna i det gråa?
Var inte rädd: i vardagens innersta,
i allt livs hjärta,
brinner med stilla nynnande lågor en djup,
hemlig helg.* - "Idyll" Karin Boye, utdrag
från "för trädet skull, 1996"